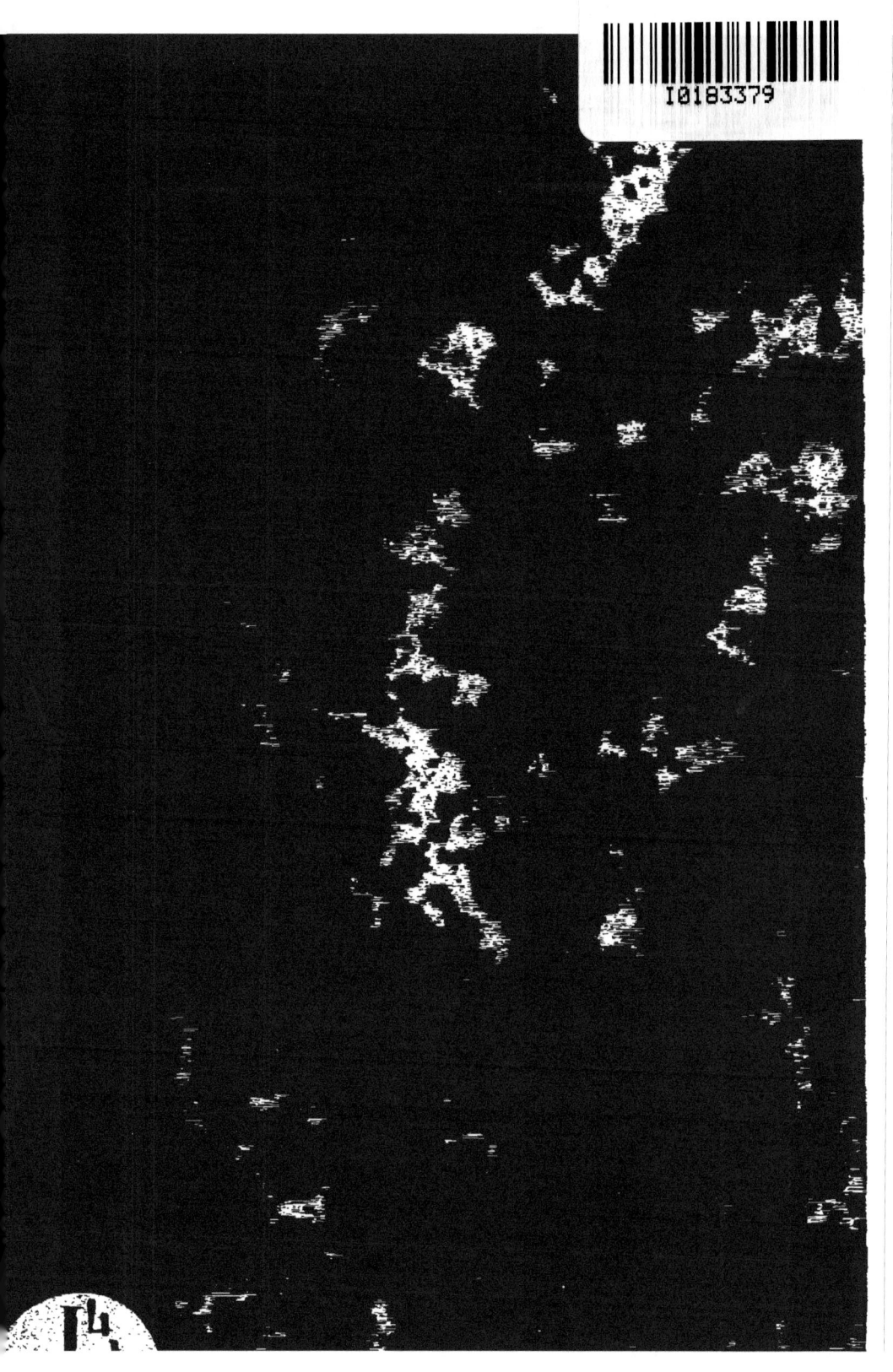

Lh 552

DE LA CONDUITE
DE LA
GUERRE D'ORIENT

EXPÉDITION DE CRIMÉE

MÉMOIRE

ADRESSÉ

AU GOUVERNEMENT DE S. M. L'EMPEREUR NAPOLÉON III

PAR

Un Officier général

Édition autorisée pour la Belgique, l'Allemagne et l'étranger.

BRUXELLES

A. BLUFF, LIBRAIRE-ÉDITEUR

12, RUE DES PLANTES, FAUBOURG DE COLOGNE.

FÉVRIER 1855

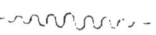

L'éditeur se réserve le droit de reproduction et de traduction à l'étranger

DE LA CONDUITE

DE LA

GUERRE D'ORIENT

EXPÉDITION DE CRIMÉE

MÉMOIRE

ADRESSÉ

AU GOUVERNEMENT DE S. M. L'EMPEREUR NAPOLÉON III

PAR

UN OFFICIER GÉNÉRAL

BRUXELLES
A. BLUFF, LIBRAIRE-ÉDITEUR
12, RUE DES PLANTES, FAUBOURG DE COLOGNE

FÉVRIER 1855

I

Nous n'avons pas l'intention de revenir en détail sur les causes primordiales de la guerre engagée entre la Russie d'une part, la France et l'Angleterre de l'autre. Ces causes sont bien connues. Nous ne rapporterons que sommairement quelques-uns des faits qui ont précédé la guerre, les accompagnant des considérations politiques et diplomatiques qui rentrent spécialement dans le cadre de ce mémoire.

Il s'agissait dans le principe d'une lutte d'influence à Jérusalem entre les rites grec et latin. Le gouvernement français, par l'organe de son ambassadeur à Constantinople, M. Delacour, obtint du Sultan un firman qui faisait pencher la balance en faveur du rite latin. C'était un moyen politique employé par le jeune empire pour acquérir des droits à l'estime du monde catholique et se concilier les bonnes grâces du Saint-

Père dont l'Empereur pouvait avoir besoin pour son sacre à Notre-Dame. Rien n'était plus légitime que l'emploi de ce moyen qui avait d'ailleurs un autre mérite, celui de donner à l'influence française en Orient une nouvelle consécration.

Le firman obtenu de la Sublime Porte par M. Delacour fut le motif qu'invoqua le cabinet de Saint-Pétersbourg, pour introduire auprès du Divan des demandes tendant à rétablir sur le pied de l'égalité les rites grec et latin. Ces demandes furent accueillies avec un empressement mal déguisé non-seulement à Constantinople, mais encore à Paris. Le Czar avait été le dernier des souverains de l'Europe à reconnaître l'Empire et à saluer l'Empereur; il avait pris vis-à-vis du nouveau gouvernement une attitude dépourvue de bienveillance; et l'on désirait lui prouver que, non-seulement on ne lui gardait point rancune du retard qu'il avait mis à répondre à la notification du rétablissement de l'Empire, mais qu'on était disposé même à lui complaire et à nouer avec lui de bonnes et fraternelles relations.

C'était une avance et non une faiblesse. Malheureusement le Czar ne comprit pas ainsi l'empressement du gouvernement français à renoncer aux concessions faites par la Sublime Porte, ni surtout la condescendance du Divan en face de ses prétentions. Son premier succès l'enhardit. Il crut que l'heure était venue de couronner l'œuvre entreprise par les Czars depuis Pierre-le-Grand; et les circonstances lui parurent éminemment favorables pour mener ses projets à bonne fin.

En effet, pendant les trois ou quatre années de troubles qui venaient d'agiter l'Europe, le Czar, avec une prudence consommée, n'avait pas donné signe de vie. Il ne craignait sans doute pas l'esprit révolutionnaire qui ébranlait partout le principe d'autorité; il n'en redoutait pas pour lui-même la propagation; mais il ne voulait pas le provoquer, il ne voulait pas lui fournir un aliment en prenant part à une lutte que son intervention eût irritée au plus haut degré. Il ne chercha donc pas à renouer, pour une action immédiate et décisive, la vieille coalition de 1815; il évita la grande guerre qu'une imprudence de sa part eût infailliblement engagée; et son abstention fut plus utile aux principes et aux intérêts menacés par la révolution, qu'une intervention dont le premier effet eût été peut-être une coalition des peuples, procédant par la ruine de l'Empire d'Autriche et par celle de la monarchie prussienne. Il n'intervint qu'au moment où il vit la révolution diminuer et ses forces s'affaiblir. Il poursuivit la révolution qui reculait et frappa en Hongrie un coup retentissant.

L'Empire d'Autriche, le royaume de Prusse, les souverainetés allemandes étaient hors de danger; et Nicolas se fit gloire, — à juste titre d'ailleurs, — d'avoir mis la dernière main à l'œuvre du rétablissement de l'ordre, tel qu'il le comprend et le fait régner dans ses États.

Après ce service signalé, rendu très-généreusement à l'Autriche, à la Prusse, et à tous les souverains un moment menacés, le Czar rentra dans son repos et dans son silence.

Il était à l'apogée de la puissance et de la gloire. Il avait eu l'habileté de ne point heurter brusquement ni violemment la révolution qui l'eût vaincu peut-être et en même temps de se poser en tuteur des monarchies, en protecteur des principes d'autorité et de gouvernement.

Après le 2 décembre, l'influence du Czar devint irrésistible. Son adversaire le plus sérieux, la révolution, avait disparu; la République française, propagandiste de sa nature, s'était transformée en un gouvernement à peu près absolu. La tribune et la presse avaient cessé d'exister; les nationalités avaient cessé d'espérer. Le Czar n'avait plus aucun souci du côté de l'Occident; le silence qui avait succédé au bruit et aux agitations des quatre dernières années était des plus rassurants et des plus salutaires. L'occasion était bonne pour reprendre définitivement en Europe le *haut du pavé* qu'avait occupé la révolution, et pour renouer la chaîne des temps qu'elle avait brisée. Aux projets que nourrissait l'Empereur de Russie, il n'y avait aucune opposition à prévoir de la part de l'Autriche, aucune de la part de la Prusse. Quant à l'Angleterre, il fallait la séduire, et lui faire au besoin sa part dans la dislocation de l'Empire ottoman. Ce fut une œuvre à laquelle le Czar consacra toutes ses séductions personnelles, et toute son habileté diplomatique dans ses entretiens avec lord Seymour, ambassadeur britannique à Saint-Pétersbourg.

Quant à la France, c'était autre chose. En juillet 1840, elle avait été exclue du concert européen par les quatre grandes puissances réunies en congrès, précisément au sujet de la question d'Orient. Une nouvelle exclusion ne pouvait déplaire à ceux que la révolution de 1848 avait si fortement menacés, et qui voyaient en outre dans le rétablissement de l'Empire une suprême infraction aux traités de 1815. La République et l'Empire étaient deux menaces à comprimer, deux griefs à punir, deux faits à rayer de l'histoire. Le premier de ces deux faits avait disparu ; il fallait s'attaquer au second. L'empire d'ailleurs ne tenait pas ses promesses de modestie ; il le prenait sur un ton provocateur avec l'Europe, notamment à l'époque du mariage de Napoléon avec la comtesse de Théba. Il affectait le titre de parvenu ; il revendiquait dans maintes circonstances le principe populaire d'où il était sorti ; il se posait en empire *électif* ; dans des circonstances mémorables, en ace des empires et des royautés héréditaires, il établissait entre lui et les dynasties anciennes un contraste qui devait frapper l'esprit des peuples.

C'était blessant et dangereux.

Sa politique intérieure plaisait au Czar ;—et disons en passant que cette tolérance du Czar était la condamnation de cette politique ;—ses moyens de gouvernement avaient l'agrément des souverains, et plusieurs fois il en obtint des félicitations. Mais ses efforts pour s'assimiler à eux et se mettre à leur niveau, sa prétention de traiter avec eux d'égal à égal et d'en recevoir le titre de frère ; puis ses propos amers, ses défis aigre-doux, ses affectations de popularité, déplaisaient singulièrement à Saint-Pétersbourg, et aussi à Vienne et à Berlin.

Au fond, le Czar, qui avait reculé habilement devant une lutte avec la révolution, n'eût pas reculé devant une coalition contre le nouvel Empire. C'était peut-être sa pensée secrète. Ses impatiences ne se trahissaient point au-dehors ; il tenait à ne point se donner le tort d'une provocation ; mais il était prêt à saisir une circonstance, quelle qu'elle fût, pour engager avec l'Empire et l'Empereur un conflit d'où pouvait sortir la guerre.

La question des Lieux-Saints fut cette circonstance; le Czar ne la laissa point échapper.

I

Avec une perspicacité qui lui fait honneur, Napoléon III sentit le danger. Il recula sans faiblesse trop apparente et consentit au retrait des concessions obtenues en faveur des Latins. Il mit l'affaire au compte de son ambasssadeur dont il réprimanda le zèle excessif, bien que l'ambassadeur n'eût fait que suivre les instructions qu'il recevait de Paris; et, pour éviter tout prétexte de conflit, M. Delacour fut brusquement rappelé; ce fut M. Delavalette qui le remplaça.

Mais ce bon vouloir du gouvernement français et cette condescendance du Divan, dans la question des Lieux-Saints, ne faisaient pas le compte de la Russie. Ses premières demandes pleinement satisfaites, elle devint plus exigeante, et le Czar qui comptait, à tort peut-être, sur la connivence de l'Autriche et de la Prusse, et sur l'adhésion intéressée de l'Angleterre, joua son va-tout et risqua la mission du prince Menschikoff, qui fut en quelque sorte son : *alea jacta est!* La mission apparente qu'il donna au prince, confident de sa pensée intime, était d'obtenir une nouvelle consécration des priviléges dont jouissaient *ab antiquo* les chrétiens grecs, sujets de la Turquie. Mais la mission réelle, et restée quelque temps secrète, consistait à demander et à obtenir le protectorat du Czar sur les chrétiens ; — ce qui équivalait à une dislocation de l'Empire ottoman. Sur la première partie de la mission du prince Menschikoff, le gouvernement français céda encore. Il fit preuve, dans cette circonstance, de bonne foi et même d'ingénuité. M. de Lavalette, à Constantinople, crut à la modération des prétentions moscovites. M. Drouyn de Lhuys, à Paris, se félicita auprès de M. de Kisselef, qui avait le sourire sur les lèvres, de l'heureuse tournure que prenait une affaire qui s'était présentée sous un aspect menaçant. L'horizon, un instant chargé de nuages, s'était rasséréné, lorsque tout à coup le prince Menschikoff dénonça toutes les prétentions du Czar et déposa son *ultimatum*.

C'était au mois de février 1853. Le prince Menschikoff laissa dix jours au Divan pour prendre une décision, et le 23 février, sur son refus définitif d'acceptation il quitta Constantinople, en déclarant les négociations rompues et en emportant les archives de l'ambassade.

Cette fois il était difficile qu'on se trompât à Paris sur la portée de la querelle que le Czar faisait au Sultan. Cependant les deux gouvernements de l'Occident qui venaient de contracter alliance et de rendre plus étroites leurs relations, en vue de prochaines éventualités, rêvaient encore de paix. Les Russes franchirent le Pruth du 20 juin au 3 juillet : — les deux gouvernements négociaient encore. On refaisait à Vienne les notes rédigées à Paris, et on les envoyait au cabinet de Saint-Pétersbourg qui refusait de les accepter.

A ce moment, la perspicacité dont l'Empereur Napoléon avait fait preuve dès le principe, ne se démentit point. Il comprit à merveille le but que se proposait le Czar et la position isolée qu'il voulait lui faire. Il appliqua tous ses soins à donner une base solide à l'alliance anglaise — et ce n'était point une œuvre difficile; car l'éveil était donné à l'Angleterre; l'alarme était partout et les organes de la publicité, indécis quelques mois auparavant, sonnaient le tocsin contre la Russie et demandaient la guerre à grands cris.

Malgré les tergiversations de ses ministres, qui entrevoyaient mal la question et ne devinaient point le mobile qui poussait le Czar, Napoléon était dès cette époque décidé à la guerre. Il savait qu'avec la guerre il donnait un dérivatif à l'activité française comprimée par le coup d'État; il donnait une glorieuse occupation à l'armée, compromise par la guerre civile; il se donnait une satisfaction à lui-même, et en même temps au grand nom qu'il porte; enfin, il prenait vis-à-vis de l'Europe une admirable position, en courant à la défense de l'indépendance d'un État faible contre l'avidité et l'ambition d'un État puissant et redouté.

Il lui fallait pour agir l'alliance anglaise; elle lui fut donnée avec empressement. Jusque-là, sa politique n'avait pas fait un faux pas. La nation pouvait lui reprocher d'être, par son nom et sa présence seule à la tête du pays, l'auteur de la perturbation que la guerre entraîne avec elle; mais la nation n'avait pas voix au chapitre et se laissait aller à la dérive des évènements. Au dehors, les impatients pouvaient tout au plus lui reprocher une longanimité qui côtoyait l'illusion et la faiblesse. Mais il avançait chaque jour de quelques pas, marchant avec la circonspection qui le distingue et n'abandonnant rien au hasard.

Le Pruth franchi, la guerre fut résolue, et c'est ici que commence la série fatale des fautes dont le dernier résultat a été le néant et l'impuissance au nord comme au midi de l'Europe, dans la Baltique comme dans la mer Noire.

Ce fut l'espoir de se rattacher l'Autriche après s'être rattaché l'Angleterre, ce fut le désir de former contre le Czar une coalition de souverains au lieu de former contre le despotisme une coalition de peuples, qui égarèrent cette politique habile et circonspecte, et qui ruinèrent en une campagne les forces occidentales.

L'Autriche devait être un embarras, et son alliance, une entrave insurmontable.

La guerre était déclarée et commencée avec acharnement sur le Danube et dans la mer Noire, dès l'automne de 1853. On connaît les détails de cette guerre, les batailles d'Oltenitza et de Citate, le désastre de Sinope, etc. Ce ne fut que six mois plus tard que l'Empereur, dont la pensée secrète était toute à la guerre, en fit la déclaration. Les deux puissances occidentales datèrent leur déclaration du 27 mars. Or, à cette date, les Russes avaient déjà franchi le Danube sur plusieurs points; ils ravageaient la Dobrutscha et menaçaient la Bulgarie.

Ce retard a justifié les accusations portées à cette époque contre le gouvernement Impérial. Il est certain que l'Empereur s'attacha à la chimère de l'alliance autrichienne, comme à une ancre de salut. La position était bonne, il la gâta; il compromit comme à plaisir le fruit qu'il devait retirer des forces morales et matérielles qu'il avait accumulées autour de lui et autour de la cause du Sultan. Il s'absorba dans les conférences de Vienne; il en suivit les travaux avec une attention stérile; il passa son temps à retourner les phrases des protocoles, à placer les virgules des mémorandums, s'ingéniant à tisser les mailles du réseau dont il espérait que l'Autriche et la Prusse ne pourraient point sortir.

Il a vu comment la Prusse s'est échappée de son filet fragile; mais il n'est pas convaincu encore des embarras que nous a causés l'Autriche, de l'impuissance à laquelle sa bonne volonté ou ses terreurs nous ont réduits, et enfin des périls qu'elle nous fait courir.

On sait ce que valut à l'illustre chef de la famille impériale l'alliance autrichienne. Cette alliance fut le principe de sa ruine. Napoléon III qui connait si bien l'histoire de l'Empire, paraît seul l'avoir oublié. Cette page d'histoire est écrite pour lui en caractères hiéroglyphiques. Il n'y entend rien et n'y veut rien entendre. Il s'est séparé à cette occasion de son plus habile conseiller, d'un de ses amis les plus dévoués, le comte de Persigny; il se séparera au besoin sur cette question de tous les membres de sa famille, et il les priera, s'il ne l'a pas déjà fait vis-à-vis de quelques-uns, de ne lui présenter à cet égard aucune observation.

Cet aveuglement repose toutefois, il faut le dire, sur des motifs plausibles en apparence. Le premier de ces motifs, c'est son vif désir de rompre avec ce titre de *parvenu* qu'il avait pris lui-même un jour avec une heureuse audace; et de rentrer de plain-pied dans la famille des vieilles dynasties et dans les conseils diplomatiques de l'Europe. Quant au second motif, il tient à ses idées exagérées d'ordre et de conservation. Il a voué à la démocratie une haine mal fondée ; il a juré à la révolution une guerre sans trêve. Or, à ses yeux, le réveil des nationalités que les trois souverains du Nord ont vaincues sans les éteindre, ce réveil, c'est encore de la révolution ; l'insurrection en Hongrie, en Italie, en Pologne, ne peut s'appuyer que sur les principes de la démocratie; et à ce titre, il les condamne avec la même vivacité et la même résolution que s'il s'agissait d'un mouvement parisien destiné à le précipiter du trône.

On pourrait citer plusieurs membres de la famille impériale qui sont loin de partager cette opinion absolue, laquelle constitue une rupture tendant à s'élargir chaque jour entre la dynastie napoléonienne et les instincts fondamentaux du peuple français. Mais ce n'est pas le moment de faire ressortir des dissidences que l'avenir mettra infailliblement en lumière.

III

Avant la déclaration de guerre qui n'eut lieu que le 27 mars 1854, le gouvernement avait fait procéder dans toute l'étendue de l'Empire à des préparatifs militaires considérables. Les régiments destinés à la formation de l'armée d'Orient avaient été désignés, les bataillons mis sur le pied de guerre. L'Afrique tenait prêtes ses troupes les plus aguerries, et entre autres les zouaves et les tirailleurs indigènes qui ont rendu de précieux services.

Dès le 11 mars, après la retraite de MM. de Kisselef et de Brunow, et le rappel de M. de Castelbajac et de sir Hamilton Seymour, un décret impérial avait organisé le personnel de l'armée et constitué les divers services.

Le total des forces s'élevait à près de 40,000 hommes, venus de toutes les garnisons de France et de l'Algérie. C'était l'élite de l'armée, ce qu'elle renfermait de plus solide et de plus expérimenté, sous le commandement d'excellents officiers inférieurs. Ce fut un grand spectacle que celui de l'embarquement de ces troupes, animées du plus pur patriotisme, impatientes de se mesurer avec cet ennemi lointain qu'elles voulaient punir dans le présent et dont elles avaient à se venger dans le passé.

Tous les vapeurs disponibles, accompagnés de plus de 200 navires de transport nolisés par le gouvernement, transportèrent presque simultanément cette belle armée sur les rivages ottomans. A la fin d'avril, le débarquement était opéré à Gallipoli où l'on n'attendait plus que le maréchal de Saint-Arnaud, dont le départ de Marseille était annoncé sur le *Berthollet*.

Quelques régiments anglais nous avaient déjà précédés à Gallipoli. Les troupes anglaises arrivèrent successivement, animées, comme les nôtres, du plus vif enthousiasme et mêlant leur *God save the queen* à notre *Marseillaise*.

Que d'espérances alors qui n'ont pas ensuite été réalisées! Quel désir de combattre et quelle certitude de vaincre! Tous les regards étaient portés sur le Danube où la lutte continuait avec des chances diverses entre les armées russe et ottomane, et chacun aspirait au moment où l'on entrerait en ligne contre ceux qui avaient accompli l'acte brutal de Sinope et violé à la fois les traités européens et le territoire d'un peuple ami, digne du plus sérieux intérêt.

Qu'avons-nous fait pendant deux mois? Il serait aujourd'hui encore difficile d'assigner une cause sérieuse à notre inaction. Les deux armées étaient placées sous le commandement du général Canrobert pour les Français, du lieutenant-général Brown pour les Anglais. Les commandants en chef étaient à Constantinople. Ils se rendirent à Varna le 19 mai, et eurent avec Omer-Pacha, le 21, une entrevue dans laquelle ils arrêtèrent un plan de campagne d'après lequel les trois armées alliées devaient agir de concert et combiner leurs opérations.

Dans cette réunion du 21 mai, les forces des trois armées furent calculées, les positions à occuper, à défendre, désignées; les voies et moyens déterminés; enfin un plan général parut arrêté entre les généraux de terre et de mer, qui tous devaient concourir à son exécution. M. de Saint-Arnaud fut nommé généralissime de l'armée combinée. De Varna les trois généraux se rendirent à Schoumla, où ils passèrent en revue les troupes d'Omer-Pacha. Elles se montaient à quarante-cinq mille hommes bien disciplinés, bien disposés; mais cette force était insuffisante, soit pour débloquer Silistrie, soit pour défendre les Balkans. Lord Raglan et M. de Saint-Arnaud ordonnèrent enfin aux troupes anglaises de Scutari et aux troupes françaises de Gallipoli de se rendre à Varna par mer; le détachement français était composé des deux divisions commandées par les généraux Canrobert et Bosquet.

Le 1ᵉʳ juin arriva le premier convoi de troupes des deux nations; les zouaves ouvraient la marche. Varna et Schoumla allaient devenir la base des opérations des forces combinées.

Malheureusement il y eut de nouveaux délais et de nouveaux retards, qui seraient inexplicables si on ne les rapportait aux causes diplomatiques que nous avons indiquées plus haut. Et ce qu'il y a de plus étrange, c'est que le maréchal de Saint-Arnaud paraissait, seul entre tous, parfaitement au courant de ce qui se passait entre les cabinets. Il affectait de se tenir en dehors du cercle des généraux et répondait à certaines objections, qui lui furent faites plus d'une fois, avec un air de mystère dont il croyait tirer de l'importance.

IV

Il faut dire ici toute notre pensée sur le maréchal, sans nous arrêter superstitieusement devant la mort qui l'a délivré à temps de la plus lourde responsabilité.

Le maréchal avait emporté de Paris des instructions pour toutes les éventualités. Attaché à la fortune personnelle de l'Empereur, pour de graves raisons sur lesquelles il est inutile d'insister, il avait en quelque sorte forcé la confiance de ce dernier et pénétré fort avant dans ses desseins. Il partageait ses vues politiques sur l'alliance autrichienne, et comme lui il s'essayait à jouer le rôle d'un homme imbu des principes d'ordre et réconcilié avec les saines idées monarchiques et religieuses. A Constantinople, il s'était appliqué à convaincre l'internonciature d'Autriche de la bonne foi du gouvernement français, et il l'avait assurée de son désir personnel de voir les cabinets de Paris et de Vienne marcher d'accord et inaugurer une politique commune vis-à-vis de la Russie. Ces protestations étaient de nature à séduire l'internonce qui les accueillit avec faveur et en fit part à son gouvernement, lequel s'était tenu jusque-là sur une certaine réserve.

On avait rappelé l'ambassadeur français de Constantinople, pour le moment où le maréchal devait arriver en Orient, et l'on avait eu raison. Un ambassadeur était inutile; le maréchal suffisait à tout. Il descendait même à des détails de police; il se faisait rendre compte des relations des généraux, des officiers supérieurs, et il blâma sévèrement certains d'entre eux de recevoir tel ou tel réfugié hongrois, telle ou telle célébrité polonaise, dont le contact avec l'uniforme français offusquait la pudeur de l'honorable M. de Bruck. Il professait un dédain manifeste pour les généraux Klapka et Wisowski, et, un jour, il se permit de prendre une mesure générale contre la présence de toute personne appartenant à l'ordre civil, au milieu des états-majors ou des rangs de l'armée. Cette mesure lui avait été imposée par l'internonciature d'Autriche; elle avait été préalablement approuvée par l'Empereur. Son but était d'atteindre ainsi le comte polonais Branicki, ami personnel du prince Napoléon Bonaparte. Le prince lui adressa par lettre une demande d'explications ; le maréchal lui répondit qu'il n'avait fait qu'obéir aux ordres du gouvernement de l'Empereur.

M. de Saint-Arnaud, consacrant son temps et sa peine à ces sortes de soins, négligea l'armée, et les troupes commencèrent dès cette époque à supporter des privations, dont la responsabilité ne peut être reportée à l'administration du département de la guerre, mais à l'état-major général, où le plus grand désordre s'était introduit. M. de Martimprey est un officier qui ne manque ni de bon vouloir, ni d'intelligence ; il se recommande même par des qualités administratives incontestables ; mais il manque d'initiative et ne sait rien prendre sur lui-même. Il en référait au maréchal pour les choses les plus mesquines et les plus vulgaires ; et comme le maréchal était rarement disponible, attendu que lui et sa femme étaient plus occupés d'intrigues et d'apparat que des affaires urgentes, les services se désorganisèrent en peu de temps et ce fut l'armée qui en souffrit.

Nous ne voulons pas nous appesantir sur la gestion financière du maréchal ; elle a été déplorable. Le ministère des finances et la cour des comptes chercheront en vain les pièces justificatives des dépenses auxquelles il se livra depuis l'arrivée des troupes à Gallipoli jusqu'à leur départ de Varna. On sera forcé de faire un bloc de toutes ces dépenses et de leur donner un titre quelconque, le titre le moins fâcheux pour la mémoire du maréchal de France.

Ce désordre et ce gaspillage descendirent dans toute la hiérarchie. En d'autres temps et en d'autres circonstances, il est plus d'un individu qui eût payé des travaux forcés les *irrégularités* flagrantes de sa comptabilité, et les concussions dont il se rendait coupable au détriment du soldat. Mais le désordre d'en haut autorisait le désordre d'en bas ; on était sûr de la tolérance et bientôt on fut sûr de l'impunité.

Des bruits fâcheux circulèrent parmi les troupes, et, plus tard, à l'époque de l'incendie de Varna, de graves accusations s'élevèrent jusqu'aux sommités de l'armée. Les pertes en approvisionnement et matériel faites en cette circonstance par l'armée française, donnèrent à des fournisseurs autrichiens, qui avaient leurs entrées chez le maréchal, l'occasion de réaliser d'immenses bénéfices.

Un autre fait est resté inexplicable, c'est le manque de pain à Varna dans le courant du mois de juillet. L'intendance de l'armée qui ne s'attendait point à cette lacune, fut obligée de faire venir en toute hâte du biscuit d'Oran, d'Alger et de Toulon.

Ce fut à la fin du mois de mai que les ordres de départ arrivèrent à Gallipoli. Les divisions Canrobert et Bosquet furent transportées par mer à Varna ; la division Napoléon, venue moitié par terre, moitié par mer, s'arrêta à Constantinople ; et la division Forey dont une partie était restée à Athènes, à cause du mouvement greco-slave, alors très-menaçant, vint camper à Gallipoli.

Le prince Napoléon était resté à Constantinople. Depuis son arrivée, il avait vu successivement les principaux personnages de la scène, et il avait pu apprécier en même temps Reschid-Pacha et M. de Bruck, qui préparaient ensemble à ce moment le traité du 20 juin entre l'Autriche et la Turquie. Le prince recevait de toutes parts des plaintes, et sur la direction politique imprimée aux événements, et sur l'attitude de Reschid-Pacha, et sur les singuliers retards apportés au transport des troupes en Bulgarie, sur le théâtre de la guerre. Mais il n'y pouvait rien, et le déclarait nettement à tous ceux qui voulaient l'entendre. Son action était complètement paralysée par celle du maréchal, qui avait des raisons évidentes pour temporiser comme il le faisait; car il connaissait parfaitement le projet de traité qui s'élaborait entre M. de Bruck et Reschid-Pacha. Il assista même à une entrevue où l'on délibéra sur le fond et la forme du traité, dont il envoya copie à Paris, dans les premiers jours, à l'adresse particulière de l'Empereur.

Le prince Napoléon voyait surtout avec peine les entraves suscitées à Omer-Pacha, qui se plaignait de ce qu'on oubliait tout à fait à Constantinople l'armée du Danube, et de ce qu'on la laissait manquer de tout, en vivres, vêtements et munitions. Il reçut même directement, le 24 mai, un officier de l'armée du Danube, qui lui exposa les griefs du généralissime turc, pour lequel il professait une grande estime. Le prince en parla au Sultan dans la visite qu'il lui fit, avant d'aller rejoindre sa division à Gallipoli, et il pria le général Bosquet d'en entretenir également le maréchal, en évitant de lui indiquer l'origine de ces plaintes et la voie qu'elles avaient suivie. Le Sultan n'eut pas l'air de s'affecter beaucoup de ce que lui disait le prince; il lui assura d'un ton assez indifférent, qu'il ferait part de ces observations à Rizza-Pacha, ministre de la guerre, en qui toute sa confiance était placée. Mais le maréchal, en recevant la communication du général Bosquet, prit le ton le plus hautain et employa les termes les plus sévères pour qualifier l'administration turque.

Il y eût chez le Sultan une réunion à laquelle assistaient le maréchal Saint-Arnaud, lord Raglan, Reschid-Pacha, Rizza-Pacha et Méhémet-Kebresli-Pacha. Le maréchal parla des griefs du muchir et voulut entamer une discussion sur ce point.

Aux premiers mots qu'il prononça, Reschid-Pacha donna sa démission.

Ce fut un coup de théâtre et à la vue du Sultan décontenancé par cette proposition, le maréchal n'insista plus. Rizza-Pacha lui fournit d'ailleurs après le conseil des explications qu'il jugea satisfaisantes et il dit ensuite au général Bosquet, en parlant d'Omer-Pacha et de ses plaintes, que c'était un *malade imaginaire*.

Lorsque M. de Bruck vit passer dans le Bosphore les troupes anglo-françaises se rendant en Bulgarie, sa résolution fut bien vite prise. Il précipita le dénouement des négociations entamées entre lui et Reschid-Pacha; et le traité entre l'Autriche et la Turquie fut signé le 20 juin. Le texte définitif en fut soumis au maréchal qui le renvoya à l'internonce sans aucune observation.

A ce moment il y avait à Varna 38 à 40 mille hommes de troupes alliées, qui demandaient à marcher sur Schoumla et Silistrie.

M. de Bruck et son confident Reschid-Pacha détournèrent le coup par le traité du 20 juin.

Dès le 19 juin, le fait était connu à la bourse; à la

même date, une dépêche partait de Vienne, annonçant la très-prochaine évacuation des Principautés par les Russes.

V

S'il était une nation sur le concours efficace ou tout au moins sur la complète neutralité de laquelle la Russie pouvait avoir le droit de compter, c'était bien la nation autrichienne.

Le Czar pouvait croire, sans trop de présomption, que le chef de cet Empire qu'il avait sauvé de la ruine et affermi sur ses bases ébranlées, avait gardé la mémoire des immenses services rendus et ne tournerait jamais contre lui cette épée qui, sans lui, eût été inévitablement brisée par la révolution. Dans les conseils du jeune Empereur la reconnaissance devait avoir sa place et sa voix. La conduite du cabinet autrichien était bien faite d'ailleurs pour entretenir ces espérances. Sa politique indécise évitait d'engager l'avenir et tachait d'enrayer le présent par un système d'atermoiements indéfinis. C'était à Vienne un travail incessant de notes, de protocoles, de propositions, de solutions pacifiques qui n'avaient qu'un but : gagner du temps et laisser aux événements le soin de faire naître une occasion favorable pour intervenir activement.

L'Autriche jouait un jeu prudent et ne s'avançait qu'avec des précautions infinies sur ce terrain politique semé d'embûches et de périls à chaque pas ; et il faut le dire, à l'honneur des conseillers de l'Empereur, ils ont su admirablement éviter jusqu'à ce jour tous les écueils de leur position ambigue et sauvegarder sans rien compromettre, les intérêts de la monarchie impériale.

Les sympathies de l'Autriche n'étaient pas sans doute acquises politiquement à la cause des puissances occidentales ; cette cause était celle de l'indépendance de la Turquie, et la participation qu'elle pouvait prendre au partage de ce malheureux pays la faisait hésiter ; mais elle avait de secrètes antipathies contre le Czar. Elle suivait en cela les traditions de la politique du prince de Metternich pendant la guerre de 1828-29, où le cabinet de Vienne s'opposa seul aux projets du Czar sur Constantinople, pendant que les cabinets de Paris, de Londres et de Berlin laissaient l'armée russe passer les Balkans et la Russie imposer à la Sublime Porte l'humiliant traité d'Andrinople.

Plus étaient grandes dans le présent les obligations que l'Autriche avait contractées en 1849, plus grande aussi était son impatience de s'affranchir d'une gratitude onéreuse et qui faisait peser sur elle une sorte de protectorat qu'elle subissait comme une humiliation, — parce qu'elle était un témoignage de faiblesse dans le passé et d'incertitude dans l'avenir.

L'Autriche cherchait une occasion de réaliser ces paroles du prince Schwartzenberg : « Nous étonnerons un jour le monde par la grandeur de notre ingratitude, » paroles mémorables et dont le retentissement parait n'avoir pas convaincu encore ceux auxquels elles s'adressaient.

Les circonstances actuelles paraissaient faites pour provoquer l'explosion de cette ingratitude. L'Autriche sollicitée par le gouvernement de l'Empereur Napoléon et par le cabinet de Windsor, conçut peu à peu le dessein d'intervenir dans la lutte à un titre quelconque et de se ranger du côté des puissances occidentales, à qui cette intervention devait être plus funeste qu'utile, ainsi que les faits l'ont démontré.

L'Empereur d'Autriche penchait personnellement, et dès le début, pour l'union avec la France et l'Angleterre ; jeune encore, d'un esprit hardi et téméraire, d'un caractère aventureux et chevaleresque, désireux de mêler son nom au fracas des actions militaires, ce prince avait hâte de secouer la tutelle du Czar et de protester par la fermeté de son attitude contre les airs dédaigneux et protecteurs de la cour de Saint-Pétersbourg.

Ses ministres étaient d'un avis semblable ; mais leur opinion était moins nettement tranchée, parce que, envisageant la question de plus haut, ils entrevoyaient mieux toutes les conséquences qu'elle pouvait avoir.

Il avait surgi en Autriche du sein des dernières agitations une influence avec laquelle il fallait compter, c'était celle de la bourgeoisie viennoise, ennemie des Czars, ennemie surtout de la vieille aristocratie autrichienne dont elle convoitait l'héritage politique et dont elle accusait amèrement les tendances moscovites et dénonçait les relations antipatriotiques avec l'aristocratie de Saint-Pétersbourg.

L'Autriche voulait surtout se détacher de la Russie, parce que les envahissements de cette puissance étaient une menace permanente pour l'Empire allemand. L'occupation du Bas-Danube par les Russes était une entrave pour son commerce en Orient et dans la mer Noire. En outre, on connaissait parfaitement à Vienne le projet héréditaire des souverains de Saint-Pétersbourg, consistant à se rattacher insensiblement les populations Panslavistes, tous les Grecs de l'Empire ottoman, et de s'étendre ainsi jusqu'à l'Adriatique au moyen de la chaîne des peuples Moldo-Valaques, Serbes et Monténégrins. On se rappelait qu'un jour le Czar avait émis l'idée d'établir un port militaire russe à Cattaro même, sur la frontière Dalmate, afin de s'assurer par ce moyen l'influence et la prépondérance dans l'Adriatique, cette mer qu'on peut appeler un lac autrichien.

Tels étaient les motifs principaux qui poussaient l'Empereur, ses ministres et la bourgeoisie viennoise à entrer dans l'alliance occidentale, et à se prononcer contre le Czar, en dépit des obligations contractées en 1848 et 1849.

Mais cette alliance offrait aussi plus d'un danger, dangers sérieux et difficiles à éviter complétement. Aussi nous avons vu avec quelle lenteur cette adhésion, promise dès le début à la France et à l'Angleterre, s'est dessinée ouvertement et au grand jour. C'est que l'Autriche subordonnait cette adhésion à des conditions qui devaient la rendre inacceptable et la compromettre aux yeux des gens sensés en France et en Angleterre ; elle n'entrait dans la lutte que pour en modifier essentiellement le caractère, les vues et la conduite, et pour substituer à la défense du principe de l'indépendance et de la liberté une guerre politique sans principe, sans raison d'être, d'un caractère mal défini et d'une issue impossible à prévoir.

L'Autriche voyait un danger inévitable dans le voisinage des uniformes français sur les frontières hongroises et à une distance peu éloignée de la Pologne; ce voisinage pouvait donner au parti national hongrois des espérances, et provoquer des soulèvements assez puissants pour ébranler dans ses racines l'arbre à peine replanté de la monarchie autrichienne. Déjà les émigrations hongroise et polonaise était en mouvement; elles formaient des légions destinées à se joindre aux puissances alliées et à combattre le Czar, dans lequel elles voyaient la personnification de l'absolutisme et de la tyrannie. Au milieu même de l'armée française, il y avait des réfugiés hongrois et polonais. Or, ce que l'Autriche voulait éviter à tout prix, c'était l'apparition d'un drapeau français sur ses frontières hongroises; c'était l'agitation qui en pouvait résulter dans des provinces toujours prêtes à se soulever.

Son adhésion était à cette condition; et, à cette condition, — nous l'avons déjà dit, — elle devait être inacceptable.

Et cependant elle fut acceptée.

L'Empereur Napoléon III tenait particulièrement à l'alliance de l'Autriche; il avait particulièrement à cœur, ainsi que nous l'avons établi déjà, de se faire reconnaitre et accepter comme pair et allié par le dernier descendant de l'antique maison de Hapsbourg.

Pour arriver à ce but, l'Empereur Napoléon III était tout prêt à sacrifier le principe au nom duquel il avait pris les armes, et à transformer la lutte du faible contre le fort, de l'opprimé contre l'oppresseur en une coalition de souverains, en un conflit de prépondérance et d'autorité. Il tenait bien plus à une alliance puissante et considérable, œuvre de son génie personnel, qu'à un triomphe plus rapide et moins aventuré qui n'eût été l'œuvre que de la guerre et du hasard.

Déjà il avait obtenu l'alliance de l'Angleterre, et c'était un immense succès que cette reconnaissance éclatante et solennelle de l'Empire par la Grande-Bretagne, âme des vieilles coalitions contre la France. Avec le concours de cette alliée, la France pouvait tirer l'épée sans que la vieille Europe protestât, et pût se croire menacée de projets de conquête naturellement attribués à l'héritier du nom et de la fortune de Napoléon Ier. Du moment où l'uniforme anglais se mêlait à nos rangs, la modération et la justice de notre cause devenaient incontestables même pour les esprits les plus prévenus.

Mais cela ne suffisait point. Il fallait encore, il fallait surtout l'alliance de l'Autriche; il fallait jeter au Czar comme un défi la défection de l'allié sur lequel il avait le plus de droit de compter; il fallait que l'Europe pût se dire : « L'Autriche était liée par les droits les plus inviolables à la cause de Nicolas Ier; et ces droits, elle en a fait litière pour s'associer à la fortune et au génie de Napoléon III ! »

VI

Du traité du 20 juin sont sortis tous les désastres éprouvés par les armes de la France et de l'Angleterre dans la lutte généreuse qu'elles avaient engagée contre la Russie, au nom du droit, de la justice, de l'indépendance de la Turquie et de la liberté de l'Europe.

Ce traité est trop connu, pour qu'il soit utile d'en replacer le texte sous les yeux du lecteur.

Par ce traité, le cabinet de Vienne se donnait une satisfaction d'amour-propre, celle de prouver au Czar qu'on était décidé à agir sans lui et au besoin contre lui. Il donnait en même temps une satisfaction aux puissances occidentales et prévenait les tentatives qu'elles auraient encouragées ou pour le moins tolérées en Italie. Mais par ce même traité, le cabinet de Vienne fermait aux drapeaux anglo-français la route de la Moldo-Valachie et de la Bessarabie. Tout en écartant de ses frontières hongroises toute menace révolutionnaire, — ce qui constituait à son profit un précieux avantage, — il faisait participer la Russie au bénéfice de son intervention pacifique et lui permettait d'agglomérer ses forces sur le point que nous jugerions à propos de menacer. Tout en assurant par cette preuve de bon vouloir celles de ses possessions qui renfermaient le plus d'éléments insurrectionnels, elle élevait entre nous et les Russes une sorte de muraille de la Chine, à l'abri de laquelle ces derniers pouvaient porter leurs efforts sur toutes les autres parties de leurs frontières et spécialement sur Odessa et sur Sébastopol, dont on commençait à parler à cette époque.

L'Autriche disait à la Turquie : « Je vous protège. »

Elle disait à la France et à l'Angleterre : « Je suis avec vous et j'oblige les Russes à repasser le Pruth. »

Elle disait à la Russie : « Je ne commets contre vous un acte d'hostilité qu'en apparence; vous êtes libre maintenant de défendre Odessa et Sébastopol, et de donner une petite leçon aux alliés. »

La douleur que la notification du traité du 20 juin causa parmi les généraux et les officiers supérieurs de l'armée est indescriptible. Le prince Napoléon en manifesta l'indignation la plus vive. Dans une conversation familière avec un de ses amis, colonel de l'un des régiments de sa division, qui eut plus tard maille à partir avec le maréchal, le général Bosquet proféra le mot de trahison; le général Canrobert lui-même, qui suivait le système des ménagements, en exprima son déplaisir. Les Turcs n'y comprirent absolument rien. Les Anglais se turent et ne formulèrent point leur opinion, — c'est dans leurs habitudes militaires; le général Scarlett à qui l'on en parla, salua froidement son interlocuteur, sous prétexte de service urgent. Il était inutile d'interroger sur ce point lord Raglan et le duc de Cambridge; ils n'eussent point donné la réplique.

Le maréchal Saint-Arnaud était radieux; on eût dit, à la satisfaction qu'il manifestait, que ce traité déplorable était son œuvre. Il en fit ses compliments à Reschid-Pacha et renouvela à M. de Bruck les félicitations qu'il lui avait déjà présentées sur l'attitude de plus en plus dessinée de son gouvernement.

VII

Le siége de Silistrie ayant échoué, les Russes se retirèrent lentement dans l'intérieur des Principautés, cédant pas à pas le terrain aux Turcs qui n'avançaient qu'avec prudence et que les Autrichiens vinrent bientôt relever dans la Moldo-Valachie.

Que faisions-nous à Varna? Dieu le sait. Déçus dans leur espoir de marcher sur le Danube, de dégager Silistrie et de se mesurer avec les Russes, les soldats tombèrent dans un découragement que les fatales chaleurs de juin et de juillet vinrent bientôt augmenter encore. Du 20 juin au 20 août, il s'écoula deux grands mois, pendant lesquels la nostalgie, le typhus et le choléra vinrent assaillir et décimer les troupes alliées. Elles offraient aux regards le plus lamentable tableau ; les hôpitaux s'emplissaient chaque jour ; la mort ravageait nos rangs que l'indiscipline, bien facile à comprendre dans de pareilles conditions, avait déjà disloqués.

Des clameurs s'élevèrent de toutes les bouches ; des cris séditieux se firent même entendre dans quelques bataillons. Les noms de certains généraux exilés furent rappelés par le soldat.

C'est à cette époque que se rapporte la première atteinte de la maladie qui a poursuivi le prince Napoléon pendant toute l'expédition. Il éprouva une assez violente attaque de typhus et les médecins lui prescrivirent l'air plus pur et le séjour plus calme de Constantinople. Mais si sa santé se soutenait tant bien que mal, grâce à son énergie personnelle et aux soins dont il était entouré, il avait d'un autre côté beaucoup à souffrir du spectacle des intrigues dont tous les fils venaient aboutir à Constantinople, dans le cabinet du ministre des affaires étrangères. Le prince était minutieusement instruit de tout ce qui se passait à Paris, à Vienne et au Divan. Il recevait de France des lettres bien informées qui lui représentaient l'obstination de l'Empereur comme invincible, et son aveuglement comme incurable. Il suivait de près, dans la capitale de la Turquie, les démarches du maréchal et il connaissait son intime participation à la déplorable politique dans laquelle on s'engageait; enfin il n'ignorait aucun des détails des fréquentes entrevues de M. de Bruck et de Reschid-Pacha qui, à Constantinople, se croyaient parfaitement à l'abri de toute indiscrète révélation.

Le prince partagea pendant quelques jours le découragement général et, dès cette époque, il demanda formellement son rappel. Il lui répugnait de prendre part plus longtemps à une lutte dont il était impossible de prévoir l'issue et au fond de laquelle les plus clairvoyants n'apercevaient que des déceptions. On ne songeait point encore aux désastres.

La demande de rappel, présentée en bonne et due forme, ne fut point accueillie. L'Empereur tenait à la présence du prince dans les rangs de l'armée active; il lui fit une réponse pressante où il invoquait le nom de la famille impériale et l'honneur de la France.

Le prince Napoléon resta.

VIII

Au commencement de juillet, l'expédition de Crimée commença à être mise sérieusement sur le tapis. L'idée de cette expédition n'était point née en Orient; elle venait directement de Paris, après avoir passé par

Vienne et par Londres où elle avait été accueillie avec une extrême faveur.

A Vienne, on atteignait d'un coup le but qu'on s'était proposé : celui d'éloigner les troupes occidentales du Danube et de les engager dans une aventure, soit en Crimée, soit en Asie, avec les troupes russes.

A Londres, l'idée de prendre Sébastopol et de détruire la marine russe dans la mer Noire, faisait tressaillir les négociants de la Cité et les actionnaires de la Compagnie des Indes. Quant à l'exécution militaire, le cabinet Anglais, composé en majeure partie d'hommes ingénus et peu familiarisés avec les choses de la guerre, s'en rapportait entièrement au gouvernement impérial qui présentait sous ce rapport, au moins en apparence, les meilleures garanties. Le vénérable comte d'Aberdeen, dont la nullité d'apparat rappelle si bien celle de M. de Kaunitz, était émerveillé de la hardiesse de la conception ; l'excellent duc de Newcastle souriait d'avance à l'infaillible succès des armées alliées ; lord Palmerston n'avait qu'une appréhension, c'était celle de ne point assez prouver à l'Empereur avec quel empressement l'Angleterre acceptait ses plans, et combien elle admirait son génie.

C'est dans le cabinet des Tuileries que naquit, nous le répétons, l'idée de cette expédition ; elle fut conçue dans la solitude. L'Empereur, penché sur la carte, l'œil attentif, le compas à la main, passa de longues heures à élaborer le plan et il l'envoya à Constantinople entièrement écrit de sa main, et sans l'avoir préalablement communiqué à personne. L'Empereur se défiait des observations que le maréchal Vaillant n'eût pas manqué de présenter et qu'il n'eût supportées qu'avec impatience.

IX

Le maréchal de Saint-Arnaud reçut cette importante communication dans le courant de juillet. Il l'accepta sans réserve, sans objection, et la mit à l'ordre du jour, comme son œuvre propre, adoptée par l'Empereur. Il intervertissait discrètement les rôles, et sauf le général de Martimprey, qui connaissait toute la vérité, l'armée lui fit longtemps l'honneur de cette haute conception. La plupart des généraux s'y laissèrent prendre.

A partir de ce moment, le maréchal déploie une activité fabuleuse; il dévore la route de Constantinople à Varna, de Varna à Constantinople; il fait procéder aux préparatifs de l'expédition; il confère presque chaque jour avec lord Raglan; il relève, autant que cela se pouvait, le moral de l'armée.

Il ne manquait ni d'entrain, ni de savoir faire; il était audacieux, brusque d'allures, et ces qualités plaisaient au soldat. Mais, une fois qu'il était absent, le soldat faisait un retour sur lui-même et se demandait ce qu'il y avait au fond de cette nature fiévreuse, malade, un peu déréglée, qui ne se soutenait, au moral comme au physique, que par des fictions. Alors le soldat retombait dans son mal incurable et reprenait son attitude sombre et parfois menaçante.

Sur un rapport très-alarmant du général Canrobert,

le maréchal prescrivit de Constantinople de donner aux bataillons les plus impatients une occupation provisoire.

« Il doit encore y avoir des Russes dans la Dobrutscha, écrivit-il à Canrobert. Faites-leur donner la chasse et remportez quelque avantage dont nous puissions faire une victoire à offrir à l'Empereur pour les fêtes nationales du 15 août. Espinasse serait peut-être le meilleur de vos généraux pour un coup de main de ce genre. »

Les ordres du maréchal furent exécutés et le général Espinasse fut chargé de l'expédition de la Dobrutscha. Quelques sotnias de cosaques, toujours en vue de nos troupes, sans toutefois se laisser atteindre, attirèrent nos bataillons jusqu'au milieu des marais et des plaines fétides du pays, à plus de 25 lieues de Varna. Puis ils disparurent brusquement et cessèrent de nous inquiéter.

C'est alors que cette division fut foudroyée en quelques jours par des pluies diluviennes succédant à des chaleurs tropicales. 6,000 hommes périrent dans cette expédition et 2,000 ont contracté des maladies qui les ont rendus impropres au service.

En même temps, le choléra et le typhus sévissaient avec fureur à Varna, à Gallipoli et au Pirée; si bien que le 15 août, au lieu d'une victoire à offrir à l'Empereur, nous avions un état de 14,000 morts à lui présenter.

X

Des ordres arrivèrent de Paris de presser l'expédition; et c'est après la réception de ces ordres que le maréchal de Saint-Arnaud revint de Constantinople à Varna et réunit le conseil de guerre.

Une reconnaissance, que tout le monde connaît, avait eu lieu sur les côtes sud-ouest de Crimée par le général Canrobert, le général Brown, le contre-amiral Lyons et quelques officiers spéciaux des états-majors. Ces messieurs rapportaient des documents précieux sans doute, des données dont il y avait à tirer un excellent parti ; mais ces renseignements étaient purement relatifs aux détails d'exécution de l'entreprise, au point de débarquement, au concours à donner par l'artillerie des flottes à l'armée de terre, en cas d'attaque des Russes, enfin à l'une ou l'autre route que l'on pouvait suivre pour marcher sur Sébastopol.

Le conseil de guerre s'assembla à Varna, au commencement du mois d'août, — le 10, si nous avons bonne mémoire.

Le maréchal de Saint-Arnaud présidait le conseil. Il avait préalablement fait part au prince Napoléon et aux généraux Canrobert et Bosquet, du plan convenu entre lui et l'Empereur ; c'était le plan élaboré par Napoléon III lui-même. Il était daté de Biarritz. Car c'est de là, qu'à cette époque critique, Napoléon III envoyait ses ordres et datait ses proclamations.

Le maréchal exposa au conseil l'idée de l'expédition ;

il en fit ressortir les avantages pour la politique anglo-française, il en analysa le plan, tel qu'il l'avait reçu de Paris, tout formulé. Il fallait choisir un point de débarquement, opérer le débarquement sous la protection de l'artillerie des escadres, pousser aux Russes qui tenteraient évidemment la fortune des armes, les battre, — c'était infaillible, selon lui, — marcher droit, après une victoire, sur Sébastopol et l'enlever d'un coup de main. Il n'avait aucune donnée positive sur les forces actives des Russes en campagne, ni sur l'effectif de la garnison, ni sur les défenses de Sébastopol par terre; mais des renseignements puisés à des sources différentes se trouvaient tous d'accord pour établir qu'il n'y avait point là d'obstacles insurmontables, ni même très-sérieux. La puissance russe venait de subir un grave échec au Danube; il devait être moins difficile de la vaincre en Crimée, car elle n'y avait point concentré de forces et ne s'y attendait point à une attaque. Le débarquement en Crimée et la prise de Sébastopol achèveraient, aux yeux du monde, la défaite de la Russie et lui arracheraient la paix, but que se proposaient LL. MM. la Reine Victoria et l'Empereur Napoléon.

Il n'y avait d'ailleurs plus rien à faire au Danube, l'Autriche étant aussi devenue l'alliée de la Porte-ottomane, et ayant ainsi forcé Gortschakoff à la retraite. Il fallait déplacer le champ de bataille; et, si celui de Crimée était périlleux, il était aussi le plus favorable, soit par son climat, soit par les avantages décisifs qu'il offrait aux armées alliées.

Tous les regards se tournèrent vers le général Raglan. Il avait le front soucieux et son visage exprimait depuis quelques minutes toute l'incrédulité de son esprit.

Lord Raglan objecta le défaut de notions sur les forces russes et sur l'état de la place du côté de terre. Les cartes ne fournissaient aucune indication. Les routes, les rivières, les obstacles naturels étaient inconnus. C'était un mauvais champ de bataille. Le général anglais objecta surtout que l'armée manquait de cavalerie, tandis que les Russes étaient très-riches en chevaux excellents. La partie n'était pas égale.

Le vice-amiral Hamelin y mit plus de passion. Selon lui, l'expédition, entreprise dans de semblables conditions, ressemblait beaucoup à une aventure. Les forces alliées lui paraissaient insuffisantes. Les escadres pouvaient sans doute protéger le débarquement de l'armée; mais il n'était pas certain qu'elles pussent l'assister longtemps à cause des vents de l'équinoxe dont le retour était prochain.

Elles seraient peut-être forcées de chercher un mouillage à la fin de septembre, pour échapper aux tempêtes si violentes de la mer Noire. Dans ce cas, l'armée de terre restait abandonnée à elle-même; c'était une éventualité fâcheuse et qui pouvait devenir fatale. Le climat n'était pas en rapport avec les climats de la même latitude; il fallait tenir compte du voisinage de la mer et de la distribution des chaînes de montagnes. La Crimée, placée tout au midi de la Russie, était comme le réservoir commun de toutes les intempéries de ce vaste Empire. On avait même vu le fond de la baie de Sébastopol prendre glace pendant certains hivers. Si le coup de main ne réussissait pas, il faudrait, pour l'honneur de la France et de l'Angleterre, faire le siége de la place, et alors qui pouvait prévoir la fin de l'expédition? L'objection de lord Raglan sur le défaut de notions relativement aux forces russes de campagne et aux défenses de terre de Sébastopol, était très-sérieuse; et toutes ces raisons ne permettaient pas à l'amiral de donner son assentiment à l'entreprise.

Le maréchal de Saint-Arnaud fit une réponse brève et pleine d'énergie à ces observations. Il reproduisit ses arguments avec plus de force que la première fois et termina en s'appuyant de l'autorité très-compétente de l'Empereur.

Le prince NAPOLÉON prit alors la parole qu'il garda près de trois quarts d'heure. Nous devons dire ici qu'il exprimait à la fois son opinion et celle du général Bosquet et du duc de Cambridge qu'il avait vus la veille et avec lesquels il s'était entendu.

Le prince repoussait l'expédition dans son principe, dans son exécution, d'une façon absolue. L'autorité de l'Empereur était sans-doute très-grande en la matière; mais l'Empereur, à Biarritz, n'était pas en mesure de se rendre compte des difficultés pratiques de l'entreprise. La grande distance où il était placé du théâtre des évènements pouvait créer devant son esprit un mirage. Il avait raison, comme héritier du nom de Napoléon, de continuer de glorieuses traditions militaires, de replacer la France à son rang parmi les peuples et de la venger d'un passé désastreux. Mais il ne fallait pas commencer par où Napoléon avait fini. Une invasion en Russie, c'était l'inconnu; le maréchal l'avouait lui-même. On ne savait rien du climat, rien des ressources du pays, rien des forces en dedans et en dehors de la place, rien de la valeur des fortifications de Sébastopol, qui pouvaient être par terre aussi formidables que par mer. Les amiraux éprouvaient de l'hésitation à se présenter devant les 600 bouches à feu qui défendaient la baie et le port; il ne fallait donc point compter, pour une attaque, sur un concours bien efficace de la part de la marine dont la mission d'ailleurs était de combattre des vaisseaux et non des murailles. (Les amiraux Hamelin, Dundas, Lyons et Charner firent un signe d'assentiment.)

Le véritable champ de bataille des armées alliées, c'était le Danube, et après le Danube, c'était le Pruth. On se trouvait là dans un pays riche et fécond, au milieu d'une population sympathique, appuyé à un grand fleuve, protégé par une série de forteresses imprenables. Ce champ de bataille se prêtait admirablement à l'offensive comme à la défensive. L'armée turque victorieuse donnait un puissant concours; l'armée russe démoralisée par ses insuccès, par les fautes de ses généraux, ne pouvait que difficilement éviter une déroute complète. L'exécution de ce plan avait un autre avantage, celui de prouver à l'Autriche qu'on pouvait se passer d'elle. La présence des alliés sur les frontières de la Hongrie, à soixante lieues de la Pologne les rendait maîtres de toute la situation; la guerre dominait la diplomatie et faisait la loi à Vienne et à Berlin.

Il était temps encore de mettre ce plan à exécution. La lenteur que les Russes apportaient à évacuer les Principautés était une dernière circonstance qu'il fallait saisir.

Que si l'expédition de Crimée s'exécutait, malgré les graves objections soulevées déjà par des hommes dont l'opinion faisait, elle aussi, autorité, il y avait tout un plan à établir et, jusqu'à cette heure, la discussion n'en avait rien révélé. La discussion s'égarait dans les détails ; un plan d'ensemble n'était pas présenté et c'était cependant sur ce point que le conseil devait porter son attention.

Débarquer en Crimée au nord ou au midi, battre les Russes et marcher sur Sébastopol, ce n'était point là un plan de campagne sérieux. Le point auquel il fallait d'abord s'attacher, c'était de fermer aux Russes la presqu'île de Crimée, c'était de couper les communications de Sébastopol avec le reste de l'Empire russe, c'était d'isoler le prince Menschikoff des réserves que pouvaient lui fournir les troupes du Danube. Pour cela il fallait procéder d'abord à l'occupation de l'isthme de Pérécop, y fortifier deux divisions dans des positions inexpugnables, couvertes par l'artillerie des bateaux à vapeur. Il fallait ensuite occuper Simféropol, siège du gouvernement de la province, dont l'administration se trouverait renversée et s'assurer par là de tous les points du pays des approvisionnements en vivres, vêtements, abris, fourrages dont l'armée pouvait avoir besoin. On pouvait ensuite marcher sur Sébastopol, l'enlever ou l'investir.

Sans ces opérations préliminaires, l'expédition de Crimée n'était, comme l'avait dit le vice-amiral français, qu'une aventure, au bout de laquelle il y avait une campagne d'hiver sur le sol russe, c'est-à-dire une folie.

Le maréchal Saint-Arnaud fut très-vif dans sa réplique au prince Napoléon et fit quelques allusions mordantes à ses idées et à ses relations bien connues. Le prince l'interrompit pour lui dire qu'il choisissait, comme il l'entendait, ses amitiés personnelles et que, quant à ses idées, il les puisait dans l'intérêt de la France et la tradition nationale du premier Empire. Personne n'en était juge que lui.

Le général Canrobert appuya le projet d'expédition. Il donna en détail le résultat de la reconnaissance qu'il avait faite sur les côtes sud-ouest de la Crimée. Le débarquement au midi de Sébastopol était possible ; mais les hauteurs étaient fortifiées, et présentaient de graves difficultés. Du pont du *Furious*, il avait distinctement aperçu, lui et ses collègues, les campements russes, dont on pouvait calculer l'effectif à 25,000 hommes. Immédiatement au nord de la place, entre un fort considérable et la rivière du Belbeck, il y avait aussi un camp d'à peu près 6,000 hommes. Le débarquement pouvait s'opérer par la côte ouest d'Eupatoria, sur une plage favorable où l'on voyait les ruines d'une vieille fortification. De là l'armée alliée pouvait se diriger en trois ou quatre jours sur Sébastopol, sans donner le temps au prince Menschikoff de concentrer ses forces et de s'opposer sérieusement à notre marche.

Avec ce système, il y avait des chances de mettre l'armée russe en déroute, et sa défaite devait infailliblement faire tomber Sébastopol entre nos mains.

« Qu'arrivera-t-il, demanda lord Raglan, si la place résiste et si elle est bien fortifiée ? »

Le maréchal répondit qu'on devait alors en faire le

siége, et qu'en occupant les fortifications du nord, on était naturellement maître de la ville. Si les fortifications du nord présentaient de trop grands obstacles, il était facile de passer au midi, en tournant la place, et d'entreprendre un siége régulier avec le concours et la protection des escadres qui trouveraient de bons mouillages sur la côte, spécialement à Balaclava, reconnu par sir Lyons.

On entra ensuite dans les détails les plus minutieux sur l'expédition, qui obtint, au registre, l'approbation de la grande majorité du conseil. Malgré ses objections si sensées, lord Raglan finit par donner un vote affirmatif; le général Bosquet en fit autant; — ce fut une faute. Les quatre opposants qui restèrent furent le vice-amiral Hamelin, le vice-amiral Dundas, le duc de Cambridge et le prince Napoléon.

XI

Le maréchal, malgré ses airs de confiance, avait été affecté de l'opposition qui s'était manifestée dans le conseil de guerre. Il publia quelques jours plus tard une proclamation à l'armée, qui réflétait les sombres dispositions de son esprit. Cette proclamation est trop connue pour que nous la rapportions ici; elle se terminait par des paroles qui respiraient une sorte de désespoir et qui produisirent la plus funeste impression. Plus tard, on déclara, par la voie du *Moniteur*, cette proclamation apocryphe et sur les instances du prince Napoléon, qui en écrivit à Biarritz, elle fut mise à néant et remplacée par une proclamation de l'Empereur lui-même; mais l'effet était produit et le coup porté. La faute commise par le maréchal fut largement exploitée par les Grecs et par les Russes.

XII

L'expédition partit de Varna et de Baltchick le 4 septembre; le 7, elle était à la hauteur de l'île des Serpents, dans le golfe d'Odessa, et mouillait, en attendant la flotte anglaise; car à cette époque, comme aujourd'hui encore, les Anglais se trouvaient toujours en retard, par suite de la vicieuse administration à laquelle ils ont à faire. Le 9, la flotte française, ralliée par les Anglais, quitta son mouillage de l'île des Serpents et cingla est-sud-est, avec un bon vent et par un ciel splendide.

Le 13, au matin, nous aperçûmes les blanches falaises de la Crimée; le soir nous parûmes devant Eupatoria qui fut occupée par le colonel d'état-major Trochu. La place était abandonnée et l'on n'y trouva qu'un major avec 200 soldats malades.

A minuit, toutes les escadres remirent à la voile, les Français en tête, les Anglais au centre, les Turcs à l'arrière-garde. La journée du 14 fut employée au débarquement sur la plage de Vieux-Fort, indiquée par le général Canrobert dans son rapport au maréchal et reconnue postérieurement par une commission composée des généraux Canrobert, Martimprey, Thierry, Bizot, des colonels Trochu et Lebœuf, et du contre-amiral Bouët-Wuillaumez. Les généraux Raglan, Brown, Bur goyne et le contre-amiral Lyons, les avaient accompagnés dans cette seconde reconnaissance.

Il n'y avait pas un seul ennemi sur cette partie des côtes de la Crimée.

Il y avait un camp russe assez nombreux vers le cap Chersonèse; vers la Katcha et l'Alma, les forces russes pouvaient s'élever à 25,000 hommes.

Le débarquement eut donc lieu dans les circonstances les plus favorables. Mais dès le premier campement, nous nous aperçumes que les Anglais n'avaient point de tentes-abris. Nos soldats avaient des tentes et de bonnes couvertures.

A l'appel du 15, il fut constaté que les troupes alliées s'élevaient à 62,000 hommes : 28,000 Français, 26,000 Anglais, 8,000 Turcs.

Nous envahissions la Russie, comme les Normands avaient envahi la Sicile, comme Pizarre avait envahi le Pérou, comme Fernand Cortès avait envahi le Mexique. Il y avait dans l'armée une vague appréhension, une indéfinissable inquiétude. Chacun était disposé à faire son devoir et à vendre chèrement sa vie. Mais il est certain que si les généraux russes avaient eu plus de prévoyance, nous n'aurions point passé une nuit en Crimée, et nous étions jetés à la mer sans répit ni miséricorde. Mais les généraux russes ont cette excuse, qu'ils ont d'ailleurs fait valoir, qu'il leur était impossible de supposer que l'expédition de Crimée, au mois de septembre, pût jamais devenir une réalité.

Dès le 15, la maladie du maréchal de Saint-Arnaud s'aggrava au point qu'il devint impossible de lui parler. Il resta dès lors à peu près étranger aux opérations et nous devons rendre cette justice à M. de Martimprey, chef d'état-major-général, que les ordres n'en furent pas moins donnés avec précision et exécutés avec discipline.

Du 15 au 19, il s'écoula quatre jours, consacrés au débarquement complémentaire de l'artillerie de siége, et aux dispositions de marche à prendre pour se diriger vers l'Alma où une armée russe de 30,000 hommes se concentrait. Nous souffrimes beaucoup durant ces quatre jours du manque d'eau et de bois.

Le 19, les troupes alliées s'avancèrent vers l'Alma, et le 20, au matin, par un temps magnifique, elles se trouvèrent en face de l'armée russe, campée sur les hauteurs de l'autre côté de la rivière, et comprenant à peu près 35,000 hommes, dont 3,000 de cavalerie.

XIII

Nous avons dit que les généraux russes n'avaient pu croire à la réalité des bruits répandus sur notre expédition, à cause de la saison trop avancée et à cause de l'insuffisance de nos forces. Le général prince Menschikoff fut le dernier d'entre eux qui voulut ajouter foi aux rapports des espions grecs et aux avis que lui transmit en toute hâte le gouverneur d'Odessa. Aussi fut-il surpris en Crimée et nullement en mesure d'arrêter la marche des 62,000 hommes d'élite qui venaient de descendre à la baie de Kalamita.

Voici quel était son effectif de campagne après notre débarquement :

Les 27ᵉ, 28ᵉ, 33ᵉ et 34ᵉ régiments d'infanterie de ligne, les 33ᵉ et 34ᵉ régiments d'infanterie légère, s'élevant au chiffre de 24,000 hommes (généraux Shabokruiski, Loubimoff et Wolkoff).

La 2ᵉ brigade de la 6ᵉ division de cavalerie légère, s'élevant au chiffre de 3,200 hommes.

6 batteries d'artillerie, 2 batteries légères, 6 compagnies de place, comprenant 3,200 hommes.

Des cosaques et des compagnies de marine, au nombre d'environ 5,000 hommes.

Telles étaient les forces qui nous étaient opposées; mais elles occupaient une position formidable dans les ravins et sur les hauteurs de l'Alma, hauteurs garnies de 64 pièces de campagne.

Le 20, au matin, la santé du maréchal empira visiblement; il éprouva une peine infinie à se lever de son lit de camp et il lui fut impossible de s'occuper des dispositions de l'attaque qui furent arrêtées définitivement entre le général Raglan et le général de Martimprey, en présence du malade qui donna par signe son assentiment.

L'attaque commença de notre part à six heures du matin. Le général Bosquet, à la tête de sa division, gravit les hauteurs à notre droite, appuyé par l'artillerie des vapeurs. Le général Canrobert le suivit au pas de charge et les deux divisions tombèrent sur la gauche des Russes qui furent culbutés. En même temps la division Napoléon s'emparait, après une vive fusillade du village d'Alma, avec l'appui de l'une des brigades de la division de réserve du général Forey.

A gauche, les Anglais avaient mis un temps infini

dans leurs préparatifs. Ils ne se placèrent en ligne qu'à dix heures, et s'avancèrent avec leur flegme accoutumé. Mais ils furent débordés par la cavalerie ennemie, foudroyés à feux plongeants par l'artillerie des hauteurs et forcés de se retirer en arrière de l'Alma pour reformer leurs rangs.

La situation devenait critique pour eux et par conséquent pour nous. Mais les Russes, menacés en tête par la division Napoléon et une brigade de la division Forey, en flanc par les divisions Bosquet et Canrobert, éprouvèrent un mouvement d'hésitation qui décida de la journée. Les zouaves se précipitèrent à la baïonnette sur les Russes. En même temps les divisions Lacy Evans et Brown reparaissaient une seconde fois sur l'autre rive de l'Alma et abordaient de front les positions russes dont la cavalerie se retirait sous le feu de mousqueterie de la division Cathcart et devant une charge brillante de la cavalerie du major-général comte de Lucan.

La journée était à nous; le champ de bataille nous restait. Les Russes se reformaient lentement derrière leur cavalerie, mais ils abandonnaient les hauteurs et emportaient leurs canons dont aucun ne resta entre nos mains. A six heures du soir, les Russes avaient disparu à l'horizon.

Cette rapide victoire prouvait l'incontestable supériorité de nos armes. Il fallait en profiter, pousser les Russes jusque sous les murs de la place et tenter à tout hasard le coup de main dont le maréchal avait eu l'idée. Un acte d'audace pouvait à ce moment couronner notre premier succès et il avait d'ailleurs l'avantage de ne point donner à l'ennemi l'occasion de recevoir les renforts qui étaient en marche de Pérécop à Kaffa et dont l'arrivée devait nous obliger à livrer une seconde bataille, mais cette fois contre des forces supérieures.

L'état du maréchal ne lui permit même pas d'émettre un avis. Le général Raglan, dont les troupes avaient beaucoup souffert, éprouva des doutes sur le succès d'un coup de main tenté contre Sébastopol, et le chef d'état-major de Martimprey, interrogeant successivement tous les visages, ne sut point formuler une opinion.

Cependant, sur les vives instances des généraux Bosquet, Lacy-Evans, Cathcart et Napoléon, il fut résolu que l'armée se mettrait en marche le surlendemain et pousserait jusqu'au Belbeck, à la distance la plus rapprochée que possible de Sébastopol.

Le 22, nous reprîmes notre marche dans la direction du sud et nous arrivâmes en une journée sur le Belbeck.

Nous ne devons pas oublier de dire que la division turque ne prit aucune part à la bataille d'Alma; elle resta pendant toute l'action dans les ravins, au milieu des jardins et des bosquets de la vallée que forme la rivière et ne donna point signe de vie. Cette inaction doit être principalement attribuée au général de Martimprey qui oublia tout à fait ces braves gens et ne changea point l'ordre qu'il leur avait donné le matin de se tenir en réserve derrière les divisions Bosquet et Canrobert.

XIV

Nous arrivâmes le soir sur le Belbeck dont nous trouvâmes l'embouchure et la rive gauche défendues par des ouvrages en terre garnis de batteries. Lord Raglan et le chef de l'état-major français reconnurent ces défenses qu'ils jugèrent difficiles à emporter, et, dans un conseil tenu à six heures du soir à l'état-major anglais, on décida que l'armée, au lieu de passer le Belbeck et d'attaquer le nord de la place par les collines qui s'étageaient jusqu'aux fortifications de la rive droite de la baie, tournerait la place en appuyant à gauche, passerait la rivière Tchernaya hors de portée de l'artillerie de Sébastopol et irait prendre position au sud, sur le plateau de Chersonèse, observé pendant la reconnaissance du *Furious*. Plusieurs baies sûres et profondes, découpant en dentelures bizarres l'extrémité sud de ce plateau, offraient de bons mouillages aux flottes et les mettaient en rapport immédiat avec l'armée de terre. Dans cette position, l'armée pouvait bombarder la place avec le concours des escadres et tenter l'assaut. Si l'assaut était reconnu impossible, elle pouvait procéder à un siége régulier, avec cet avantage d'être appuyée à la mer et de recevoir par cette voie prompte et facile tout ce qui lui était nécessaire pour ses opérations.

Une fois que la main d'un homme est mordue par un engrenage, il faut que le corps y passe tout entier. Le vice radical de l'expédition devait en corrompre tous les développements. Le principe était faux, les conséquences en devaient être malheureuses. L'idée conçue à Paris, en dehors de toute notion pratique, était mauvaise; les résultats qu'elle devait amener, ne pouvaient être bons. Dès le 24 septembre, le mot du vice-amiral Hamelin était devenu un fait; nous voguions au hasard dans une aventure, et les fruits de la bravoure anglo-française, à la bataille d'Alma, étaient déjà perdus.

Les 25 et 26 septembre, nous opérâmes autour de la place le mouvement circulaire qui avait été arrêté et convenu sous la tente du général Raglan.

Pendant cette marche pénible, à travers une contrée inconnue, coupée de ravins profonds, couverts de bois impénétrables, sans route, sans guide, sans eau, le maréchal, presque à l'agonie, essayait de faire bonne contenance. L'idée d'un assaut immédiat lui revenait à chaque instant à la pensée; il en parlait comme d'une chose facile à exécuter, et qui ne devait exiger au préalable qu'un bombardement de douze ou vingt-quatre heures. « L'Empereur sera content de nous, murmurait-il avec un sourire. Nous avons exécuté ses ordres; c'est bien à lui que revient tout l'honneur de l'expédition... Dans dix jours, il aura les clefs de Sébastopol... L'Empire est fait cette fois; il a reçu son baptême. » Le maréchal sortait fréquemment de son assoupissement mortel pour répéter ces phrases dont il berçait son agonie. Il murmura aussi à diverses reprises la date du 2 décembre; mais là, ses paroles étaient plus incohérentes, ses idées plus vagues et plus confuses.

Le 26, nous arrivâmes sur la Tchernaya.

Le maréchal fit appeler les généraux de division et de brigade; il essaya de leur faire une dernière allocution, mais sa faiblesse ne lui permit point de finir. Il fit un dernier effort, et dit qu'il ne croyait pas tromper les intentions de l'Empereur, en remettant le commandement à celui des généraux que semblait désigner la voix unanime de l'armée. « J'ai choisi Canrobert pour me remplacer », dit-il, « en attendant la ratification de cette nomination par Sa Majesté. »

Le maréchal fit de la main un signe au général Martimprey qui s'avança vers le général Canrobert, en lui présentant le papier qui contenait sa commission provisoire.

Le général Canrobert ne prit point le papier des mains du chef d'état-major; il tira de la poche intérieure de sa tunique un pli aux armes de l'Empereur, dont l'état laissait à penser qu'il séjournait depuis un certain temps dans la poche du général.

M. de Saint-Arnaud ouvrit les yeux, mais n'exprima point de surprise. Sa tête retomba sur le coussin du lit de camp, et sa bouche prononça faiblement ces deux mots : « C'est bien. »

Tous les généraux se retirèrent, à l'exception du nouveau commandant en chef, qui resta en conférence avec M. de Martimprey, dans la tente du général.

Quels étaient les titres sérieux du général Canrobert au commandement d'une armée engagée dans une semblable expédition? Si l'histoire se montre sévère pour la mémoire du maréchal, complice docile et inintelligent de la conception militaire qui nous a conduits de Varna à Vieux-Fort, et de Vieux-Fort sur les rochers de Chersonèse, elle se montrera plus sévère encore pour une mesure dont l'effet fut d'aggraver la faute primitive et de nous acculer dans une impasse qui n'a d'autre issue qu'une faiblesse ou une folie, une retraite ou un désastre.

XV

Dans la soirée du 26 et dans la journée du 27, nous prîmes position au sud de Sébastopol, depuis Balaclava jusqu'au cap Chersonèse.

La grande faute de la campagne était consommée et lorsque nous eûmes reconnu nos positions, ceux qui avaient professé jusque-là une opinion contraire, partagèrent notre avis. Nous ne pouvions investir que le midi de la place; tout le côté nord restait à découvert et libre de ses communications avec la Russie par les routes d'Eupatoria et de Simféropol.

Nous avions cru d'abord que le prince Menschikoff s'était retiré sur la place par les hauteurs du Belbeck; c'était une erreur accréditée surtout par l'avis de lord Raglan et du général Canrobert. A part quelques batteries défendant ces hauteurs et dont la prise nous eût permis d'attaquer le Fort du Nord et le Fort de Constantin par les monticules de Sieverna, il n'y avait derrière le Belbeck d'autres troupes russes que des détachements de la garnison, des compagnies de marine, et la brigade chargée d'occuper les deux forts susmentionnés. En général habile et prudent, le prince Menschikoff avait prévu ou connu en temps opportun notre mouvement vers la Tchernaya. Il s'était replié avec son armée sur la route de Batchiseraï et son arrière-garde avait même été croisée, dans notre mouvement circulaire, par la brigade de cavalerie anglaise qui lui avait donné la chasse.

Il était évident que le prince, au lieu de s'enfermer dans la place, allait tenir la campagne et attendre ses renforts ; et qu'il se proposait de conserver la liberté des communications de Sébastopol avec son armée et avec le midi de l'Empire. Cette position était excellente et nous en avons cruellement senti les effets.

La place devenait imprenable par suite de cette combinaison stratégique. Elle pouvait se ravitailler chaque soir et recevoir incessamment des troupes fraîches, destinées à renouveler la garnison et à relever les bataillons fatigués.

La faute commise par les commandants en chef fut encore plus visible, lorsque nous apprimes que les Russes avaient coulé sept de leurs navires à l'entrée de la rade de Sébastopol. Une attaque par mer devenait impossible, et les Russes pouvaient disposer de 300 pièces d'artillerie de plus, retirées des navires engloutis.

Nous apprimes bientôt par des espions que des renforts considérables arrivaient au prince Menschikoff. L'état en fut remis par un officier polonais à l'état-major général.

Ces troupes étaient en marche ou déjà en partie arrivées à Simféropol.

Le prince Menschikoff fit un mouvement en avant et revint occuper les hauteurs du nord de Sébastopol et toute la rive droite de la Tchernaya. Il se concertait en même temps avec le général en chef de Bessarabie et le gouverneur d'Odessa pour assurer la position de

Kherson, de Nicolaief, de Perekop et la route de l'isthme à Simféropol et à Sébastopol.

Il ne nous avait servi de rien d'opérer notre débarquement sur la côte ouest au nord de la place; tout le bénéfice de cette opération était perdu. Nous étions bloqués sur la pointe de Chersonèse par la ville d'une part, par la Tchernaya de l'autre et bientôt nous risquions d'être assiégés nous mêmes sur notre flanc gauche par les troupes de renforts qui s'avançaient à marches forcées sous le commandement du général Liprandi.

C'est ce qui arriva effectivement quelque temps après.

XVI

A partir du 1er septembre, on procéda aux préparatifs du bombardement, et le général Canrobert crut devoir prendre une mesure qui organisait l'armée sur pied nouveau. Il la divisa en deux parties. La première sous le commandement du général Forey devait faire le siége; elle comprenait la division Napoléon et la division Forey (3e et 4e). La seconde, sous le commandement du général Bosquet, devait former un corps d'observation; elle comprenait la division Canrobert et la division Bosquet (1re et 2e). L'armée anglaise prit des dispositions analogues.

Cette organisation était bonne, en ce sens qu'elle nous tenait prêts à répondre aux attaques des Russes sur toute la ligne de notre flanc gauche; malheureusement la partie la plus étendue de cette ligne était occupée par les Anglais, et lord Raglan négligea les précautions sommaires prescrites en pareil cas. Il ne fit établir aucun ouvrage défensif en avant de ses lignes qui restèrent à découvert et il s'occupa exclusivement des travaux de la première parallèle, en vue du bombardement qui se préparait.

Du 4 au 8 septembre, les alliés reçurent environ 10,000 hommes de renfort, la plus forte partie de la 5º division (général Levaillant) et deux bataillons de la 6º division (général Paté).

L'état sanitaire de l'armée n'était pas inquiétant; toutefois il fut constaté que le choléra avait reparu dans nos rangs et surtout parmi les Anglais qui ne luttaient pas aussi bien que nos soldats contre des fatigues excessives.

Les préparatifs durèrent jusqu'au 16 octobre. Nous faisions un siége en règle. C'est le 17 que commença à 6 heures du matin l'effroyable bombardement de Sébastopol à la fois par terre et par mer.

On en connait les détails et le résultat. Les escadres se comportèrent vaillamment et causèrent de grands dommages aux fortifications de la baie ; mais elles furent obligées de se retirer le soir, après avoir subi des pertes sensibles et de graves avaries.

Quant à nous, placés à 1,000 mètres en moyenne des ouvrages les plus avancés de la place, nous lui fimes relativement moins de mal que nos escadres. L'artillerie de Sébastopol ne cessa de répondre à notre feu avec un ensemble, une activité et une précision qui nous étonnèrent.

Le bombardement continua presque sans interruption jusqu'au 24. A cette date, les généraux en chef tinrent conseil et voyant le peu de mal qu'avait produit notre artillerie, ils résolurent de ralentir le feu et de continuer le siége dans toutes les règles de l'art, jusqu'à la troisième parallèle. Les soldats, qui commençaient à souffrir de la température, demandèrent l'assaut dans plusieurs compagnies. Quelques officiers supérieurs partageaient leur impatience et leur avis. Mais lord Raglan opposait invariablement à ces réclamations des discours du meilleur goût, qui n'eussent pas été déplacés à la tribune de la chambre des lords.

XVII

L'Empereur reçut à cette date des avis confidentiels sur ce qui se passait au camp. Il sut que le bombardement n'avait guère servi qu'à consommer d'immenses quantités de munitions et qu'à prouver aux Russes la solidité de leurs ouvrages et l'inutilité de nos attaques. Ils avaient sans doute fait des pertes; l'un de leurs amiraux avait succombé dans la place; leurs artilleurs avaient été décimés; la garnison, du 17 au 24, avait eu 1,800 hommes hors de combat. Mais nous n'avions pas avancé d'une ligne et ce que nous avions détruit la veille, reparaissait à nos yeux le lendemain, comme par enchantement.

Pouvions-nous prendre Sébastopol par un coup de main sur le nord après la bataille de l'Alma? Peut-être; dans tous les cas, il fallait l'essayer. Une fois arrivés au midi, pouvions-nous réduire la place par un bombardement, y faire brèche, l'emporter d'assaut ? C'est plus douteux ; la position était changée à notre désavantage et en emportant la place, nous n'aurions pu, dans toutes les hypothèses, en prendre possession.

C'est ce que le général Bizot et les officiers supérieurs du génie et de l'artillerie démontraient à qui voulait le comprendre et sans se gêner dans les termes qu'ils employaient pour caractériser nos opérations.

On apercevait du camp les ouvrages du nord de la place, de l'autre côté de la rade, ceux par lesquels le siége aurait dû commencer et dont la prise de possession eût déterminé sur l'heure la reddition de la ville et de la flotte. Le plus important de ces ouvrages est le fort de Sieverna, situé sur un plateau aride qui domine, à feux plongeants, la place, la rade et le port. Le général Bizot et le prince Napoléon interrogèrent plusieurs fois des officiers déserteurs sur l'importance de cette fortification. Ils ont été tous d'accord pour dire qu'elle était armée de plus de 300 pièces de gros calibre et défendue par une garnison de 3,000 hommes. Le siége de Sébastopol était inutile à faire, sans la possession de ce point culminant et la place, en admettant sa reddition, n'est pas tenable, tant que le fort Sieverna sera occupé par l'ennemi.

Chose étrange ! Les généraux en chef ne paraissaient point se douter de l'existence de cet obstacle ; ils ne s'en préoccupaient en aucune façon. Ils devaient recevoir de leurs gouvernements des ordres qui les obligeaient au silence et à la dissimulation des obstacles qui s'opposaient à la prise de Sébastopol ; car ni dans les journaux du siége, ni dans leurs rapports, ni dans leurs conversations, on ne trouvait trace des objets qui faisaient le souci de tout le monde. Ils se croyaient sans doute obligés de promettre à leurs gouvernements monts et merveilles, de même que les gouvernements se croyaient obligés de promettre monts et merveilles à l'opinion publique, pour lui cacher l'irréparable faute de l'expédition.

L'Empereur fut informé des particularités les plus minutieuses, des circonstances et des détails les plus propres à l'éclairer sur le véritable état des choses. Il n'en tint aucun compte ; il souriait à ces communications avec une confiance déplorable, et un jour, il y répondit publiquement par les mots de *timides avis*, qui frappaient directement le vice-amiral Hamelin et le prince Napoléon et indirectement le maréchal Vaillant qui exprima plus d'une fois ses doutes, soit avec l'Empereur, soit avec le prince Jérôme, sur le succès de l'opération.

XVIII

L'Empereur estimait particulièrement le général Canrobert et le croyait capable de grandes choses. Cette estime se justifie par beaucoup de qualités, une bravoure superbe, un peu poétique même, une tenue entraînante sur le champ de bataille, un coup d'œil rapide et juste, dans un moment critique, une fougue redoutable pour décider l'action. Il était aimé et admiré de *sa* division. Mais il ne faut pas le dissimuler : le brillant général n'est point né pour le commandement en chef et il est incapable d'administrer une armée. Son esprit manque de synthèse et n'embrasse jamais un ensemble. Sur un champ de bataille, il ne s'occupera que d'un point et négligera tous les autres ; il s'attachera à un détail et y mettra toute son ardeur ; mais il ne verra ni n'entendra rien de ce qui se passe aux alentours. Quant à ses qualités administratives, elles sont nulles, et sous ce rapport, il est encore au-dessous du maréchal Saint-Arnaud, ce modèle du gaspillage et du désordre, non-seulement à la tête de l'armée d'Orient, mais à la tête du ministère de la guerre à Paris, — le maréchal Vaillant en sait quelque chose. — Le grand mot de Canrobert, c'est « *qu'on ne peut pas tout faire à la fois;* » c'est sa fin de non-recevoir. En campagne il faut savoir tout faire à la fois, et c'est ce qui répugne invinciblement à la nature étroite et paresseuse du général.

Bosquet possède l'estime générale ; il est brave et brillant, comme son collègue ; mais son coup d'œil est plus vaste, son esprit plus pratique et plus organisateur. Personne ne broie mieux une difficulté. C'est à lui que revient l'honneur de la journée de l'Alma. Ce fut lui qui jeta, au moment opportun, le désordre sur la gauche des Russes ; un quart d'heure plus tard, les Anglais étaient en déroute pour la seconde fois et nous risquions d'être pris en flanc par la cavalerie russe qui comptait 3000 chevaux et qui pouvait nous attaquer à revers en venant se déployer dans le ravin formé par la rivière. A Inkermann, ce fut lui qui sauva l'armée alliée, et, pour la seconde fois, l'armée anglaise.

Mais Bosquet, en homme prudent qui ménage son avenir, ne se compromet jamais. Il vous demande votre avis, tout en vous imposant le sien ; il ne prend rien sur lui-même et n'agit cependant que d'après ses propres vues. Son tact est de la plus extrême délicatesse. D'ailleurs, officier instruit, nourri de lectures militaires, connaissant à fond l'art de la guerre pour l'avoir étudié et mis en pratique. Il a de la sympathie pour son collègue et le plaint volontiers, mais très-confidentiellement. Combien de fois ne l'avons-nous pas vu sourire amèrement des fautes accumulées dans cette expédition ! Mais il n'a jamais pris la parole ni fait une observation. L'Empereur l'estime, sans l'aimer.

Le gnénéral Forey n'est qu'un soldat, n'exécutant même pas toujours les ordres qu'il reçoit. A l'Alma, il refusait d'engager l'une de ces brigades de réserve, au moment même où l'intervention de cette brigade allait décider du sort de la journée. Le chef d'état-major eut beaucoup de peine à obtenir de lui qu'il détacha cette brigade pour aider la 3ᵉ division à emporter le village d'Alma, opiniatrement défendu par les tirailleurs russes.

Il est très-lié avec Canrobert; les deux généraux s'inspirent une mutuelle confiance.

Nous éviterons toute digression relative aux généraux anglais; et nous nous bornerons à regretter que les braves et brillants officiers qui commandaient l'armée britannique, Brown, Cathcart, Lacy-Evans et même le jeune duc de Cambridge, n'aient pas eu un chef plus habile, plus actif et moins chargé d'ans.

XIX

Le 25, au matin, le feu de nos batteries avait à peu près cessé, lorsque nous entendîmes le canon gronder dans la direction de l'est. Le camp était loin de s'attendre à un semblable réveil. En un clin d'œil les hommes furent sur pied ; les mesures de précaution furent prises, et le corps d'observation du général Bosquet courut aux armes.

L'état-major français poussa une reconnaissance à l'est et rejoignit bientôt l'état-major anglais qui accourait au galop, pour se rendre compte de ce qui se passait au-dessus de Balaclava, à la chute des hautes collines qui limitent de ce côté le terrain d'opération des alliés.

C'était une attaque des Russes, dirigée avec une grande discrétion et une habileté plus grande encore contre les quelques méchantes redoutes que le général Raglan avait fait élever de ce côté. A l'arrivée des généraux, la première partie de l'action était déjà finie. Les Russes, au nombre de 22,000 hommes, sous le commandement du général Liprandi, avaient enlevé successivement les quatre redoutes turco-anglaises, et avaient pris position sur la route qui conduit de Balaclava au camp.

Le coup de main de Liprandi avait réussi à merveille, et s'il eût eu des forces plus nombreuses, il mettait notre armée dans la situation la plus critique. Heureusement son corps d'armée n'était pas au complet, et il ne s'était proposé pour but que de nous bloquer de ce côté, comme nous l'étions déjà de l'autre par les corps russes de la Tchernaya et par la garnison.

Les généraux Canrobert et Raglan firent attaquer les avant-postes russes par les chasseurs de Vincennes et les higlanders. Deux redoutes furent reprises à la baïonnette par nos soldats, et des hauteurs de Kadikoi où nous étions placés, nous battions des mains au succès de nos soldats, lorsqu'un incident fatal vint jeter la consternation parmi nous.

Les Russes emportaient dans leur retraite les canons des deux premières redoutes, et le major-général comte de Lucan accourut à toute bride prévenir le général anglais de ce détail. Lord Raglan, sans examiner la position, donna l'ordre au comte de Lucan de lancer la cavalerie légère à la poursuite des Russes et de ramener, si c'était possible, les pièces anglaises dont ils s'étaient emparés.

Le comte de Lucan se fit répéter l'ordre mot par mot et rejoignit lord Cardigan, qui occupait la plaine en avant de Tchourgoun à la tête de sa brigade. Il y eut entre les deux officiers supérieurs une explication qui dura à peu près sept ou huit minutes; puis nous vîmes avec une stupeur mêlée d'effroi la cavalerie anglaise plonger, rapide comme la foudre, au milieu des masses ennemies. Elle enfonça les Russes, et reparut au-delà de leurs derniers escadrons, non sans avoir laissé du monde derrière elle. Mais, à ce moment, elle se trouva cernée de toutes parts et exposée presque à bout portant, à un feu de mousqueterie et de mitraille qui la faucha, comme un moissonneur fait d'un champ d'épis.

Bosquet se précipita vers les généraux en chef pour demander l'ordre d'attaquer ou au moins d'aller au secours des intrépides cavaliers. Le général Canrobert répondit que c'était inutile et qu'il était trop tard. Lord Raglan ne bougea pas; il assista, avec une impassibilité apparente à la destruction de sa cavalerie légère, résultat direct et immédiat de l'ordre malheureux qu'il avait donné.

Une sorte de frisson courut par les rangs des bataillons, témoins de cette scène émouvante. Nous crûmes qu'ils allaient s'ébranler et marcher en avant, sans ordre. Mais l'attitude des généraux les convainquit bien vite qu'il leur faudrait supporter, sans rien faire, la perte que les Russes venaient de nous infliger.

De toute la brigade, nous vîmes bientôt revenir un groupe d'environ 70 à 80 hommes, et des chevaux épars qui couraient à la suite et sur les flancs sans cavaliers.

Nous ne doutons pas pour notre compte du succès d'une attaque qui aurait eu pour but de soutenir ou de venger la cavalerie anglaise.

Les Russes n'auraient point tenu contre la bouillante ardeur de nos soldats émus jusqu'à la colère sur les hauteurs où les généraux les retinrent jusqu'à l'accomplissement du désastre. Le corps de Liprandi eut été infailliblement rejeté jusqu'au delà de la Tchernaya, et nous n'eussions point été assiégés plus tard par cette division qui garda deux des redoutes qu'elle avait emportées et ne cessa de nous inquiéter par de continuelles escarmouches.

Mais le défaut d'initiative acheva dans cette conjoncture ce qu'avait commencé le défaut absolu de prévoyance. On n'avait pas su prévenir l'attaque de Liprandi par un bon système d'ouvrages défensifs; on ne sut pas la réprimer par une de ces fortes et subites résolutions qui sont le secret de la guerre et qui caractérisent les généraux consommés.

XX

Depuis le 26, notre feu se ralentit. Nous nous apercevions de plus en plus du peu de dommages que nous causions aux ouvrages de la place et l'impatience commençait à se propager d'une façon sérieuse dans les rangs. Depuis le début de l'expédition, nos pertes s'élevaient à un chiffre considérable et les maladies les grossissaient tous les jours. Il fallait en finir, c'était le mot d'ordre répandu dans les divisions françaises. Un plus long retard pouvait compromettre le sort de l'armée qui semblait déjà non moins assiégée que la place elle-même. Nous apprenions d'ailleurs que de nouveaux renforts arrivaient chaque jour à l'ennemi et nous voyions venir le moment où nous serions débordés de tous les côtés par des forces infiniment supérieures.

Il fut d'abord question de fixer le jour de l'assaut au 2 novembre; mais par divers motifs qui sont étrangers au but que nous nous sommes proposé, l'assaut fut fixé au 5 novembre, quelque fût l'état des brèches pratiquées dans les fortifications de la place. Le feu continua de part et d'autre avec des chances diverses jusqu'à la date indiquée. Les Russes faisaient de fréquentes sorties, généralement repoussées avec succès. Ils perdaient beaucoup de monde; et de nos tranchées, nous pouvions constater avec nos lunettes l'effet désastreux que produisaient nos bombes jusque dans la ville. L'incendie y était en permanence et la réverbération des flammes, la nuit, sur le fond noir et brumeux du ciel, offrait d'étranges spectacles à l'imagination.

Nous passons rapidement sur les mille incidents du siége qu'il n'entre pas dans notre plan de raconter et nous arrivons aux derniers événements.

XXI

Le 5 novembre, au matin, nous fûmes réveillés dans le camp français par une canonnade terrible qui se faisait entendre dans la direction d'Inkermann. Le camp fut sur pied avec cette rapidité dont nous avions déjà fait preuve le 25 octobre, et le général Canrobert envoya une ordonnance au général Raglan pour savoir ce dont il s'agissait.

C'était une nouvelle attaque de l'armée russe de campagne, mais cette fois bien autrement formidable que celle de Liprandi sur les redoutes de Balaclava. Profitant d'une épaisse brume du matin, l'ennemi s'était avancé sans bruit par le pont d'Inkermann et avait franchi la Tchernaya en amont, à l'effet de surprendre le camp anglais, mal défendu ou mal gardé, en dépit de la triste leçon du 25 octobre. A sept heures la lutte était engagée, sur un terrain étroit, entre les masses russes et la division Lacy-Evans qui soutenait seule le choc d'au moins 25,000 mille hommes commandés par le général Soimonoff. Derrière ces troupes et un peu à gauche, le commandant en chef du quatrième corps d'armée, général Dannenberg, s'avançait à la tête d'une division de même force et descendait des hauteurs de la rive droite avec une nombreuse artillerie, par le travers de la division anglaise, enveloppée ainsi de deux côtés.

Les Anglais cédèrent à la supériorité du nombre; mais l'arrivée des autres divisions leur permit de revenir à l'assaut des positions qu'ils avaient perdues, et c'est alors que s'engagea l'une des plus sanglantes batailles que l'on ait vues depuis les grandes guerres de l'Empire. On en connaît les dramatiques horreurs; les soldats éprouvaient des deux parts une fureur indescriptible; ils se battaient corps à corps, à coups de crosse de fusil, lorsque la baïonnette était brisée; à coups de poing même, lorsque la crosse volait en éclats; à coups de pierre, lorsqu'ils n'avaient plus d'autre arme offensive ou défensive.

Le brouillard rendait la lutte plus sinistre et plus meurtrière.

A neuf heures les rangs anglais commençaient à s'éclaircir, et après avoir perdu, repris et reperdu leurs positions, ils en appelaient à leur désespoir, lorsqu'enfin arriva, sur le terrible champ de mort, un premier bataillon de la 2me division, conduit par le général Bosquet en personne. Il avait eu la pensée de réparer le désastre de Balaclava; c'est à lui qu'il appartenait de réparer l'incurable imprévoyance de lord Raglan, et de sauver l'armée d'une effroyable déroute.

Bosquet avait le désespoir au cœur; il voyait la grandeur du péril et il lui paraissait difficile de le conjurer. Au moment où il arriva au secours des Anglais avec un bataillon de zouaves de 600 hommes, au milieu duquel il se plaça avec son état-major, il entendait gronder le canon à notre extrême gauche, du côté de la Quarantaine ; il l'entendait encore sur les derrières de l'armée dans la direction de Balaclava où le corps de Liprandi se mettait en mouvement pour tomber au passage sur nos soldats dont il attendait la déroute.

Une demi-heure plus tard, les Anglais défaits, le désordre mis dans les colonnes qui se seraient repliées les unes sur les autres, nous étions enveloppés de toutes parts, poussés au rivage et jetés à la mer. Heureusement les soldats réparèrent les fautes des généraux et leur irrésistible bravoure triompha de la redoutable attaque combinée par le prince Menschikoff.

Trois fautes des généraux russes nous sauvèrent. D'abord, le général Soimonoff, en débouchant du pont d'Inkermann, s'engagea à gauche sur les lignes anglaises, au lieu de s'engager à droite, ce qui paralysa presque complétement l'action du 2me corps que commandait Dannenberg en personne et qui devait attaquer à droite. En second lieu, Liprandi, avec ses 22,000 hommes, se borna à une démonstration sur nos derrières et attendit, mais en vain, notre déroute, avant de prendre part à l'action. En troisième lieu, la sortie de la garnison, sur l'extrême gauche de nos lignes, se fit avec des moyens trop insuffisants ; cette sortie ne se composait que de cinq bataillons que la brigade de Lourmel de la 4me division fut assez forte pour repousser.

Il n'y eut donc, de la part des généraux russes, qu'une attaque sérieuse, celle d'Inkermann, tandis qu'ils pouvaient mener de front trois attaques sérieuses, surtout celle de Balaclava où ils étaient en force. Grâce à ces fautes dont la responsabilité retombe sur les généraux chargés d'exécuter les ordres du prince Menschikoff, nous parvîmes à éviter un désastre général.

Bosquet tomba sur le flanc de la division Soimonoff surprise par cette attaque imprévue et au fur et à mesure que ses bataillons arrivaient, l'intrépide général étendait sa ligne d'attaque et poussait les Russes dans les ravins de la Tchernaya où la division du général Cathcart leur tailla bientôt une rude besogne. A dix heures et demie du matin, les Russes commencèrent, mais en bon ordre, leur mouvement de retraite. A ce moment, la division Napoléon, détachée enfin par le général Forey, qui dans cette circonstance encore, eut beaucoup de peine à prendre cette décision, arrivait sur le champ de bataille; le prince, fort malade, marchait en tête de ses troupes. Ses premiers bataillons purent opérer encore plusieurs charges à la baïonnette, qui déterminèrent définitivement la retraite de l'ennemi.

Tout le monde fit son devoir dans cette terrible circonstance. Les Anglais se conduisirent en héros; cinq de leurs vaillants généraux restèrent sur le terrain.

Canrobert déploya une grande bravoure; mais il ne fut que soldat et tout l'honneur de la journée, aux yeux de l'armée entière, appartint au général Bosquet.

Forey, qui voulait garder ses deux divisions, pour repousser la sortie opérée par la garnison de la place, ne sut point empêcher le brave de Lourmel de commettre une de ces imprudences que l'on pardonne à l'officier que l'action enivre et entraine, mais qu'un général de division, commandant d'un corps d'armée, ne doit pas permettre. De Lourmel s'avança à la poursuite des Russes, jusque sous les murs de la place, y fit périr

300 hommes, mitraillés à portée de pistolet par l'artillerie russe, et y reçut une balle qui lui traversa la poitrine.

Cette bataille, que les deux gouvernements ont mis à l'actif de la guerre, doit être mise à son passif. Les Russes y ont fait des pertes énormes : les nôtres furent relativement plus sensibles. Cette bataille était une condamnation suprême de l'expédition, une sanglante preuve de la justesse et de la vérité des objections qu'elle avait soulevées. A la faute de principe étaient venues successivement s'ajouter les fautes de détails, accumulées par des chefs impuissants et incapables, et rachetées si chèrement par la bravoure des soldats.

Après cette terrible leçon, les généraux en chef songèrent à fortifier le camp et à organiser d'une manière sérieuse le corps d'observation. « On ne peut pas tout faire à la fois, » repète souvent le général Canrobert ; mais il est convenu lui-même, après la journée d'Inkermann, que cette précaution si simple aurait pu et dû être prise en temps utile.

Dès le 6 novembre, l'idée d'une assaut fermenta encore une fois dans les esprits. On pouvait profiter de la démoralisation des Russes, de la retraite de leur armée de campagne et de l'exaltation inouïe qui se manifestait parmi nos soldats. Le général Canrobert en conféra avec lord Raglan. Mais celui-ci dissuada son collègue de cette entreprise, alléguant d'ailleurs l'insuffisance des forces alliées, et spécialement des forces anglaises, descendues à 14 mille hommes. La mort des généraux, ses compagnons d'armes et l'état alarmant du duc de Cambridge après la journée du 5 novembre, affectaient profondément le noble lord qui ne vit plus que deux partis à prendre, celui de la continuation d'un siége régulier avec l'attente de renforts, où celui d'un rembarquement, mesure extrême mais prévue par le conseil de guerre et admise en principe par les deux gouvernements au début de l'expédition.

Le général Canrobert repoussa avec vivacité l'idée d'un rembarquement, dans laquelle il voyait, peut-être à tort, une honte pour nos armes et se rallia à l'idée de la continuation d'un siége régulier, qui dure encore aujourd'hui, après trois mois d'hiver passés dans la boue, dans la neige, sous une température moyenne de huit degrés de froid, avec le choléra, le typhus et le scorbut.

Après le 5 novembre, l'armée alliée, les Turcs mis de côté, comptait 48,000 hommes. Aujourd'hui après tous les renforts destinés à combler les lacunes, après l'arrivée de deux nouvelles divisions (De Salles et Dulac), l'armée alliée ne compte pas plus de 64,000 combattants.

L'expédition est condamnée ; la première campagne a été désastreuse.

L'Empereur connait la vérité, toute la vérité, sur la valeur du maréchal Saint-Arnaud, sur le mérite du général Canrobert, sur l'importance des défenses de Sébastopol, sur les dangers d'une invasion sur le territoire russe, sur les périls de toute campagne d'hiver dans ce pays, sous le 45me comme le sous 57me degré de latitude. C'est à lui d'aviser.

L'Angleterre, qui s'est ingéniée à rechercher les causes de la ruine de sa belle armée, connait la vérité, toute la vérité sur les moyens de combattre efficacement la Russie et de la frapper au cœur. C'est à elle de réfléchir.

Les deux gouvernements connaissent le mal dans toute son étendue. Nous savons qu'ils ne persévèrent aujourd'hui dans l'expédition de Crimée que pour l'honneur de leurs armes. Mais nous savons aussi qu'ils persévèrent, par système, dans la fatale politique des deux dernières années. D'un bout de l'Europe à l'autre, il n'y a qu'une voix, qu'une opinion, qu'un jugement sur cette politique, sur ses conséquences actuelles, sur ses résultats à venir. Les deux gouvernements sont acculés à l'impuissance, ils n'obtiendront point de leurs alliances conclues, ou à conclure, les fruits qu'ils en attendent, ils ne forceront point la Russie à la paix.

Le chiffre total des pertes jusqu'à ce jour, par le feu de l'ennemi, par les maladies et par le froid, dépasse 45,000 morts et 30,000 hommes mis hors de combat. Ils savent tout cela et ils s'en sont déjà fait l'aveu.

La continuation de l'état de choses actuel relâchera leur cordiale alliance et finira par la dissoudre. Ils se perdront l'un par l'autre.

Tout le bénéfice de cette guerre, si belle d'espérances au début, si grosse d'éventualités heureuses, sera pour le despotisme, éternellement représenté par la vieille coalition.

La Prusse le sait, l'Autriche, une fois ses craintes calmées, s'en apercevra à son tour, et la Russie saisira l'occasion de leur rappeler utilement le passé.

La partie n'est pas perdue ; elle peut se réengager

sur d'autres bases, dans de nouvelles conditions, avec des éléments meilleurs.

La route suivie jusqu'à présent est fausse et mène aux abimes; il faut en changer.

L'expédition de Crimée est une folie; il faut en sortir.

Le temps presse.

La France est inquiète et troublée au cœur.

La Russie arme dans de vastes proportions.

L'Allemagne appelle ses landwehr; contre qui?

L'Empereur n'a qu'un signe à faire, qu'une volonté à exprimer. L'Angleterre, travaillée à l'intérieur par une force jeune, nouvelle, irrésistible, le suivra au bout du monde.

FIN.

www.ingramcontent.com/pod-product-compliance
Lightning Source LLC
LaVergne TN
LVHW020948090426
835512LV00009B/1768